高等院校会计与财务管理系列教材

《财务管理学》练习册

任海峙　主编

上海财经大学出版社

前 言

本书是上海财经大学出版社会计与财务管理系列教材——《财务管理学》的配套练习册，旨在适应财务管理学课程的教学需要，帮助读者把握本课程的总体框架、基本内容和重要知识点，增强学生对财务管理学课程的深入理解。

本练习册与《财务管理学》(刘锦辉、任海峙主编)的篇章与内容保持高度衔接与一致，力求通过各种题型的全面练习使读者掌握主教材的各个知识点，突出重点，化解难点，能够对财务管理学课程融会贯通、学有成效。

本练习册由任海峙担任主编，并执笔编写第三、四、七章；刘锦辉负责第二、五、十一章的编写；袁树民负责第一、十二章的编写；单惟婷负责第八章的编写；刘莹负责第六章的编写；蒋小敏负责第九章的编写；胡娅梅负责第十章的编写。

限于水平和时间，本书编著过程中可能会有疏漏，恳请读者不吝赐教。

编 者

2010 年 10 月

目　录

第一章 财务管理总论

一、名词解释

1. 财务管理
2. 财务管理目标
3. 企业价值最大化
4. 自利行为原则
5. 双方交易原则
6. 信号传递原则
7. 引导原则
8. 有价值的创意原则
9. 比较优势原则
10. 期权原则
11. 净增效益原则
12. 风险—报酬权衡原则
13. 投资分散化原则
14. 资本市场有效原则
15. 货币时间价值原则

二、判断题

1. 进行企业财务管理，就是要正确权衡报酬增加与风险增加的得与失，努力实现二者之间的最佳平衡，使企业价值达到最大。（ ）

2. 股东财富最大化是用公司股票的市场价格来计量的。（ ）

3. 由于企业的价值与预期的报酬成正比，与预期的风险成反比，因此，企业的价值只有在报酬最大时才能达到最大。（ ）

4. 在市场经济条件下，报酬和风险是成反比的，即报酬越大，风险越小。（ ）

5. 以企业价值最大化作为企业财务管理的目标，有利于社会资源的合理配置。（ ）

6. 利润最大化目标的优点是考虑了资金的时间价值和风险价值两个因素。（ ）

7. 企业财务管理目标取决于企业的总目标。（ ）

8. 股东、经营者和债权人之间构成了企业最重要的财务关系。（ ）

三、单项选择题

1. 我国财务管理的最优目标是（ ）。

A. 利润最大化　　B. 每股收益最大化
C. 股东财富最大化　　D. 企业价值最大化

2. 企业同其所有者之间的财务关系反映的是(　　)。
A. 经营权与所有权关系　　B. 债权债务关系
C. 投资与受资关系　　D. 债务债权关系

3. 企业同其债权人之间的财务关系反映的是(　　)。
A. 经营权与所有权关系　　B. 债权债务关系
C. 投资与受资关系　　D. 债务债权关系

4. 企业同其被投资单位的财务关系反映的是(　　)。
A. 经营权与所有权关系　　B. 债权债务关系
C. 投资与受资关系　　D. 债务债权关系

5. 企业同其债务人之间的财务关系反映的是(　　)。
A. 经营权与所有权关系　　B. 债权债务关系
C. 投资与受资关系　　D. 债务债权关系

6. 影响企业价值的两个最基本因素是(　　)。
A. 时间和利润　　B. 利润和成本
C. 风险和报酬　　D. 风险和贴现率

7. 股东和经营者发生冲突的根本原因在于(　　)。
A. 具体行为目标不一致　　B. 利益动机不同
C. 掌握的信息不一致　　D. 在企业中的地位不同

8. 以每股收益最大化作为财务管理目标,其优点是(　　)。
A. 考虑了货币的时间价值　　B. 考虑了投资的风险价值
C. 有利于企业克服短期行为　　D. 反映了投入资本与收益的对比关系

9. 下列各项中,能够反映上市公司股东财富最大化目标实现程度的最佳指标是(　　)。
A. 总资产报酬率　　B. 净资产收益率
C. 每股市价　　D. 每股利润

10. 属于信号传递原则进一步运用的原则是指(　　)。
A. 自利行为原则　　B. 比较优势原则
C. 引导原则　　D. 期权原则

11. 自利行为原则的依据是(　　)。
A. 理性的经济人假设
B. 商业交易至少有两方、交易是“零和博弈”,以及各方都是自利的

C. 分工理论

D. 投资组合理论

12.“沉没成本”概念的提出是基于(　　)。

A. 自利行为原则　　B. 资本市场有效原则

C. 引导原则　　D. 净增效益原则

13.“机会成本”概念的提出是基于(　　)。

A. 自利行为原则　　B. 比较优势原则

C. 风险报酬权衡原则　　D. 净增效益原则

14. 如果资本市场是完全有效的市场，则下列说法正确的是(　　)。

A. 拥有内幕信息的人士将获得超额收益

B. 价格能够反映所有可得到的信息

C. 股票价格不波动

D. 投资股票将不能获利

15. 在下列关于财务管理“引导原则”的说法中，错误的是(　　)。

A. 引导原则只在信息不充分或成本过高以及理解力有局限时采用

B. 引导原则有可能使你模仿别人的错误

C. 引导原则可以帮助你用较低的成本找到最好的方案

D. 引导原则体现了“相信大多数”的思想

16. 下列关于“有价值创意原则”的表述中，错误的是(　　)。

A. 任何一项创新的优势都是暂时的

B. 新的创意可能会减少现有项目的价值或者使它变得毫无意义

C. 金融资产投资活动是“有价值创意原则”的主要应用领域

D. 成功的筹资很少能使企业取得非凡的获利能力

17. 比较优势原则的依据是(　　)。

A. 理性的经济人假设

B. 商业交易至少有两方、交易是“零和博弈”，以及各方都是自利的

C. 分工理论

D. 投资组合理论

18. 下列属于资本市场工具的有(　　)。

A. 国库券　　B. 商业票据

C. 可转让大额定期存单　　D. 公司股票

四、多项选择题

1. 企业的财务活动包括(　　)。

A. 企业筹资引起的财务活动　　B. 企业投资引起的财务活动

C. 企业经营引起的财务活动　　D. 企业分配引起的财务活动

E. 企业管理引起的财务活动

2. 企业的财务关系包括(　　)。

A. 企业同其所有者之间的财务关系　　B. 企业同其债权人之间的财务关系

C. 企业同被投资单位的财务关系　　D. 企业同其债务人的财务关系

E. 企业与税务机关之间的财务关系

3. 下列(　　)说法是正确的。

A. 企业的总价值 V 与预期的报酬成正比

B. 企业的总价值 V 与预期的风险成反比

C. 在风险不变时,报酬越高,企业总价值越大

D. 在报酬不变时,风险越高,企业总价值越大

E. 在风险和报酬达到最佳平衡时,企业的总价值达到最大

4. 根据财务管理的信号传递原则,下列说法正确的是(　　)。

A. 少发或不发股利的公司,很可能意味着自身产生现金的能力较差

B. 决策必须考虑机会成本

C. 过度依赖贷款可能意味着财务失败

D. 理解财务交易时,要关注税收的影响

5. 下列属于净增效益原则应用领域的是(　　)。

A. 委托—代理理论　　B. 机会成本和机会损失

C. 差额分析法　　D. 沉没成本概念

6. 下列属于自利行为原则进一步引申的原则是(　　)。

A. 双方交易原则　　B. 信号传递原则

C. 资本市场有效原则　　D. 投资分散化原则

7. 有关双方交易原则,表述正确的有(　　)。

A. 一方获利只能建立在另外一方付出的基础上

B. 承认在交易中,买方和卖方拥有的信息不对称

C. 双方都按自利行为原则行事,谁都想获利而不是吃亏

D. 由于税收的存在,使得一些交易表现为“非零和博弈”

8. 资本市场有效原则对投资者和管理者的意义在于(　　)。

A. 投资者是在徒劳地寻找超额投资回报
B. 市场为企业提供了合理的价值度量
C. 管理者的管理行为会被正确地解释并反映到价格中
D. 管理者对会计报表的粉饰行为不会引起证券价格的上升

9. 下列各项中,能协调所有者与债权人之间冲突的方式是(　　)。
A. 市场对公司强行接收或吞并　　B. 债权人通过合同实施限制性借款
C. 债权人停止借款　　D. 债权人收回借款

10. 下列说法中,正确的有(　　)。
A. 理财原则的正确性与其应用环境有关
B. 双方交易原则承认市场存在非对称信息
C. 双方交易原则是以自利行为原则为前提的
D. 有价值的创意原则主要用于间接投资项目

11. 下列说法中,正确的有(　　)。
A. 双方交易原则是以自利行为原则为前提的
B. 信号传递原则是自利行为原则的延伸
C. 引导原则是信号传递原则的一种应用
D. 理财原则是财务假设、概念和原理的推论

12. 假设市场是完全有效的,基于市场有效原则可以得出的结论有(　　)。
A. 在证券市场上,购买和出售金融工具的交易的净现值等于零
B. 股票的市价等于股票的内在价值
C. 账面利润始终决定着公司股票价格
D. 财务管理目标是股东财富最大化

13. 下列有关比较优势原则的表述,正确的是(　　)。
A. 要求企业把主要精力放在自己的比较优势上,而不是日常的运行上
B. “人尽其才、物尽其用”是比较优势原则的一个应用
C. 优势互补是比较优势原则的一个应用
D. 比较优势原则主要是针对直接投资项目领域,而不是金融投资项目领域

14. 下列关于“引导原则”的表述,正确的有(　　)。
A. 应用该原则可能帮助你找到一个最好的方案,也可能使你遇上一个最坏的方案
B. 应用该原则可能帮助你找到一个最好的方案,但不会使你遇上一个最坏的方案
C. 应用该原则的原因之一是寻找最优方案的成本太高
D. 在财务分析中使用行业标准比率,是该原则的应用之一

15. 金融市场的基本功能包括(　　)。

A. 资金融通功能　　B. 风险分配功能

C. 价格发现功能　　D. 调节经济功能

16. 下列属于资本市场融资工具的有(　　)。

A. 股票　　B. 债券

C. 商业票据　　D. 可转让大额定期存单

17. 货币市场和资本市场在以下(　　)等方面不同。

A. 期限　　B. 利率

C. 风险　　D. 功能

18 下列说法正确的有(　　)。

A. 通货膨胀时金融资产的名义价值不变,而按购买力衡量的价值下降

B. 通货膨胀时实物资产的名义价值上升,而按购买力衡量的价值不变

C. 通货膨胀时金融资产的名义价值上升,而按购买力衡量的价值不变

D. 通货膨胀时实物资产的名义价值不变,而按购买力衡量的价值下降

五、简答题

1. 简述企业的财务活动。
2. 简述企业的财务关系。
3. 财务管理的环节有哪些?
4. 简述将利润最大化作为企业财务管理目标的优、缺点。
5. 简述将股东财富最大化作为企业财务管理目标的优、缺点。
6. 试述企业价值最大化是财务管理的最优目标。
7. 简述财务管理的原则。

第二章

财务管理的价值观念

一、名词解释

1. 货币时间价值　2. 复利终值　3. 复利现值　4. 偿债基金
5. 先付年金　6. 递延年金　7. 永续年金　8. 风险报酬

二、判断题

1. 时间价值原理正确地揭示了不同时点上资金之间的换算关系，是财务决策的基本依据。（　）

2. 货币的时间价值是由时间创造的，因此，所有的货币都有时间价值。（　）

3. 只有把货币作为资金投入生产经营才能产生时间价值，即时间价值是在生产经营中产生的。（　）

4. 时间价值的真正来源是工人创造的剩余价值。（　）

5. 投资报酬率或资金利润率只包含时间价值。（　）

6. 银行存款利率、贷款利率、各种债券利率、股票的股利率都可以看作时间价值率。（　）

7. 在没有风险和通货膨胀的情况下，投资报酬率就是时间价值率。（　）

8. 复利终值与现值成正比，与计息期数和利率成反比。（　）

9. 复利现值与终值成正比，与贴现率和计息期数成反比。（　）

10. 若 $i>0$，$n>1$，则 $PVIF_{i,n}$ 一定小于 1。（　）

11. 若 $i>0$，$n>1$，则复利终值系数一定小于 1。（　）

12. 先付年金与后付年金的区别仅在于付款时间不同。（　）

13. n 期先付年金与 n 期后付年金的付款次数相同，但由于付款时间的不同，n 期先付年金终值比 n 期后付年金终值多计算一期利息。所以，可以先求出 n 期后付年金终值，然后再乘以 $(1+i)$，便可求出 n 期先付年金的终值。（　）

14. n 期先付年金与 $n+1$ 期后付年金的计息期数相同，但比 $n+1$ 期后付年金多付一次款，因此，只要将 $n+1$ 期后付年金的终值加上一期付款额 A，便可求出 n 期先付年金终值。（ ）

15. n 期后付年金现值与 n 期先付年金现值的付款期数相同，但由于 n 期后付年金现值比 n 期先付年金现值多贴现一期，所以，可先求出 n 期后付年金现值，然后再除以 $(1+i)$，便可求出 n 期先付年金的现值。（ ）

16. n 期先付年金现值与 $n-1$ 期后付年金现值的贴现期数相同，但 n 期先付年金比 $n-1$期后付年金多一期不用贴现的付款 A。因此，先计算 $n-1$ 期后付年金的现值，然后再加上一期不需要贴现的付款 A，便可求出 n 期先付年金的现值。（ ）

17. 永续年金现值是年金数额与贴现率的倒数之积。（ ）

18. 若 i 表示年利率，n 表示计息年数，m 表示每年的计息次数，则复利现值系数可表示为 $PVIF_{r,t}$。其中，$r=i/m$，$t=m\cdot n$。（ ）

19. 如果把通货膨胀因素抽象掉，投资报酬率就是时间价值率和风险报酬率之和。（ ）

20. 标准离差是反映随机变量离散程度的一项指标，但它只能用来比较期望报酬率相同的各项投资的风险程度。（ ）

21. 标准离差率是用标准离差同期望报酬率的比值，即标准离差率。它可以用来比较期望报酬率不同的各项投资的风险程度。（ ）

22. 在两个方案对比时，标准离差越小，说明风险越大；同样，标准离差率越小，说明风险越大。（ ）

23. 无风险报酬率就是加上通货膨胀贴水以后的货币时间价值。（ ）

24. 风险报酬系数是将标准离差率转化为风险报酬的一种系数。（ ）

25. 当两种股票完全负相关($r=-1.0$)时，分散持有股票没有好处；当两种股票完全正相关($r=+1.0$)时，所有的风险都可以分散掉。（ ）

26. 当股票种类足够多时，几乎能把所有的非系统风险分散掉。（ ）

27. 不可分散风险的程度，通常用 β 系数来计量。作为整体的证券市场的 β 系数为正。（ ）

28. 如果某种股票的风险程度与整个证券市场的风险情况一致，则这种股票的 β 系数也等于 1；如果某种股票的 β 系数大于 1，说明其风险小于整个市场的风险；如果某种股票的系数小于 1，说明其风险大于整个市场的风险。（ ）

29. 证券组合投资要求补偿的风险只是不可分散风险，而不要求对可分散风险进行补偿。（ ）

30. 决定利率高低的因素只有资金的供给与需求两个方面。（ ）

31. 计入利率的通货膨胀率不是过去实际达到的通货膨胀水平，而是对未来通货膨胀的预期。（　　）

32. 如果一项资产能迅速转化为现金，说明其变现能力强，流动性好，流动性风险也大。（　　）

三、单项选择题

1. 将 100 元存入银行，利息率为 10%，计算 5 年后的终值应用（　　）来计算。

A. 复利终值系数　　B. 复利现值系数

C. 年金终值系数　　D. 年金现值系数

2. 每年年底存款 100 元，求第 5 年末的价值，可用（　　）来计算。

A. $PVIF_{i,n}$　　B. $FVIF_{i,n}$　　C. $PVIFA_{i,n}$　　D. $FVIFA_{i,n}$

3. 下列项目中的（　　）称为普通年金。

A. 先付年金　　B. 后付年金　　C. 延期年金　　D. 永续年金

4. A 方案在三年中每年年初付款 100 元，B 方案在三年中每年年末付款 100 元，若利率为 10%，则两者在第三年年末时的终值相差（　　）元。

A. 33.1　　B. 31.3　　C. 133.1　　D. 13.31

5. 下列公式中，（　　）是计算永续年金的公式。

A. $Vo=A\times PVIF_{i,n}$　　B. $Vo=A\times[(1+I)^n-1]/i$

C. $Vo=A/i$　　D. $Vo=A\times 1/(1+I)^n$

6. 计算先付年金现值时，应用下列公式中的（　　）。

A. $Vo=A\times PVIFA_{i,n}$　　B. $Vo=A\times PVIFA_{i,n}\times(1+i)$

C. $Vo=A\times PVIF_{i,n}(1+i)$　　D. $Vo=A\times PVIF_{i,n}$

7. 假设最初有 m 期没有收付款项，后面 n 期有等额的收付款项，贴现率为 i，则此笔延期年金的现值为（　　）。

A. $Vo=A\times PVIFA_{i,n}$　　B. $Vo=A\times PVIFA_{i,m}$

C. $Vo=A\times PVIFA_{i,m+n}$　　D. $Vo=A\times PVIFA_{i,n}\times PVIF_{i,m}$

8. 已知某证券的 β 系数等于 2，则该证券（　　）。

A. 无风险　　B. 有非常低的风险

C. 与金融市场所有证券的平均风险一致

D. 是金融市场所有证券平均风险的两倍

9. 两种完全正相关的股票的相关系数为（　　）。

A. $\gamma=0$　　B. $\gamma=1.0$　　C. $\gamma=-1.0$　　D. $\gamma=\infty$

10. 两种股票完全负相关时，把这两种股票合理地组合在一起时，（　　）。

A. 能适当分散风险　　B. 不能分散风险

C. 能分散掉一部分风险　　D. 能分散掉全部风险

四、多项选择题

1. 对于资金的时间价值来说，下列表述中(　　)是正确的。
   A. 资金的时间价值不可能由时间创造，而只能由劳动创造
   B. 只有把货币作为资金投入生产经营才能产生时间价值，即时间价值是在生产经营中产生的
   C. 时间价值的相对数是扣除风险报酬和通货膨胀贴水后的平均资金利润率或平均报酬
   D. 时间价值的绝对数是资金在生产经营过程中带来的真实增值额
   E. 时间价值是对投资者推迟消费的耐心给予的报酬

2. 设利率为 i，计息期数为 n，则复利终值的计算公式为(　　)。
   A. $FV_n = PV \times FVIF_{i,n}$　　B. $FV_n = PV \times FVIFA_{i,n}$
   C. $FV_n = PV \times (1+i)^n$　　D. $FV_n = PV \times \frac{1}{(1+i)^n}$
   E. $FV_n = PV \times (1+i) \times n$

3. 设年金为 A，利息率为 i，计息期为 n，则普通年金终值的计算公式为(　　)。
   A. $FVA_n = A \times FVIFA_{i,n}$　　B. $FVA_n = A \times FVIF_{i,n}$
   C. $FVA_n = A \times ACF_{i,n}$　　D. $FVA_n = A \times FVIF_{i,n} \times (1+i)$
   E. $FVA_n = A \times PVIF_{i,n}$

4. 设年金为 A，利息率为 i，计息期为 n，则后付年金现值的计算公式为(　　)。
   A. $PVA_n = A \times PVIF_{i,n}$　　B. $PVA_n = A \times PVIFA_{i,n}$
   C. $PVA_n = A \times ADF_{i,n}$　　D. $PVA_n = A \times PVIF_{i,n} \times (1+i)$
   E. $PVA_n = A \times FVIFA_{i,n}$

5. 设年金为 A，计息期为 n，利息率为 i，则先付年金现值的计算公式为(　　)。
   A. $V_O = A \times PVIFA_{i,n} \times (1+i)$　　B. $V_O = A \times PVIFA_{i,n}$
   C. $V_O = A(PVIFA_{i,n-1} + 1)$　　D. $V_O = A \times FVIFA_{i,n} \times (1+i)$

6. 设年金为 A，计息期为 n，利息率为 i，则先付年金终值的计算公式为(　　)。
   A. $V_n = A \times FVIFA_{i,n} \times (1+i)$　　B. $V_n = A \times PVIF_{i,n} \times (1+i)$
   C. $V_n = A \times PVIFA_{i,n} - A$　　D. $V_n = A \times FVIFA_{i,n+i} - A$
   E. $V_n = A \times PVIF_{i,n} - A$

7. 假设最初有 m 期没有收付款项，后面 n 期有等额的收付款项 A，利率为 i，则延期

年金现值的计算公式为(　　)。

A. $V_O = A \times PVIFA_{i,n} \times PVIF_{i,m}$　　B. $V_O = A \times PVIFA_{i,m+n}$

C. $V_O = A \times PVIFA_{i,m+n} - A \times PVIFA_{i,m}$　　D. $V_O = A \times PVIFA_{i,n}$

E. $V_O = A \times PVIFA_{i,m}$

8. 关于风险报酬,下列表述中正确的有(　　)。

A. 风险报酬有风险报酬额和风险报酬率两种表示方法

B. 风险越大,获得的风险报酬应该越高

C. 风险报酬额是指投资者因冒风险进行投资所获得的超过时间价值的那部分额外报酬

D. 风险报酬率是风险报酬与原投资额的比率

E. 在财务管理中,风险报酬通常用相对数即风险报酬率来加以计量

9. 在财务管理中,衡量风险大小的指标有(　　)。

A. 标准离差　　B. 标准离差率　　C. β系数

D. 期望报酬率　　E. 期望报酬额

10. β系数是衡量风险大小的重要指标,下列有关β系数的表述中正确的有(　　)。

A. β越大,说明风险越小

B. 某股票的β值等于零,说明此证券无风险

C. 某股票的β值小于1,说明其风险小于市场的平均风险

D. 某股票的β值等于1,说明其风险等于市场的平均风险

E. 某股票的β值等于2,说明其风险高于市场的平均风险2倍

11. 下列关于利率的表述,正确的有(　　)。

A. 利率是衡量资金增值额的基本单位

B. 利率是资金的增值同投入资金的价值之比

C. 从资金流通的借贷关系来看,利率是一定时期运用资金这一资源的交易价格

D. 影响利率的基本因素是资金的供应和需求

E. 资金作为一种特殊商品,在资金市场上的买卖,是以利率为价格标准的

12. 风险报酬包括(　　)。

A. 纯利率　　B. 通货膨胀补偿

C. 违约风险报酬　　D. 流动性风险报酬

E. 期限风险报酬

五、计算分析题

1. 资金时间价值的应用

假设利民工厂有一笔 123 600 元的资金，准备存入银行，希望在 7 年后利用这笔款项的本利和购买一套生产设备，当时的银行存款利率为 10%，该设备的预计价格为240 000元。

［要求］ 试用数据说明 7 年后利民工厂能否用这笔款项的本利和购买设备。

2. 资金时间价值的应用

某合营企业于年初向银行借款 50 万元购买设备，第 1 年年末开始还款，每年还款一次，等额偿还，分 5 年还清，银行借款利率为 12%。

［要求］ 试计算每年应还款多少？

3. 资金时间价值的应用

某人现在准备存入一笔钱，以便在以后 20 年中每年年底得到 3 000 元，设银行存款利率为 10%。

［要求］ 计算此人目前应存入多少钱？

4. 资金时间价值的应用

某人每年初存入银行 5 000 元，银行存款利息率为 9%。

［要求］ 请计算第 10 年末的本利和为多少？

5. 资金时间价值的应用

时代公司需用一台设备，买价为 160 000 元，可用 10 年；如果租用，则每年年初需付租金 20 000 元。除此以外，买与租的其他情况相同。假设利率为 6%。

［要求］ 试用数据说明购买与租用何者为优。

6. 资金时间价值的应用

某企业向银行借入一笔款项，银行贷款的年利率为 10%，每年复利一次。银行规定前 10 年不用还本付息，但从第 11 年至第 20 年每年年末偿还本息 5 000 元。

［要求］ 试用两种方法计算这笔借款的现值。

7. 资金时间价值的应用

某企业在第 1 年年初向银行借入 100 万元，银行规定从第 1 年到第 10 年每年年末等额偿还 14.5 万元。

［要求］ 计算这笔借款的利息率。

8. 资金时间价值的应用

时代公司目前向银行存入 140 000 元，以便在若干年后获得 300 000 元。现假设银行存款利率为 8%，每年复利一次。

［要求］ 计算需要多少年存款的本利和才能达到 300 000 元。

9. 资金时间价值的应用

5 年前发行的一种第 20 年末一次还本 100 元的债券，债券票面利率为 6%，每年年末付一次利息，第 5 次利息刚刚付过，目前刚发行的与之风险相当的债券，票面利率为 8%。

［**要求**］　计算这种旧式债券目前的市价应为多少？

10. 资金时间价值的应用

某公司发行一种债券，年利率为12%，按季计息，1年后还本付息，每张债券还本付息100元。

［**要求**］　计算该种债券的现值是多少？

11. 风险价值的应用

经济情况	发生概率	各种情况下的预期报酬率	
		麦林电脑公司	天然气公司
繁荣	0.3	100%	20%
正常	0.4	15%	15%
衰退	0.3	−70%	10%

［**要求**］　依据上表资料，计算比较两家公司风险的大小。

12. 风险价值的应用

假设红星电器厂准备投资开发集成电路生产线，根据市场预测，预计可能获得的年报酬及概率资料见下表：

市场状况	预计年报酬(X_i)(万元)	概率(P_i)
繁荣	600	0.3
一般	300	0.5
衰退	0	0.2

若电器行业的风险报酬系数为8%，无风险报酬率为6%。

［**要求**］　试计算红星电器厂该方案的风险报酬率和风险报酬额。

13. 风险价值的应用

假设你是一家公司的财务经理，准备进行对外投资，现有三家公司可供选择，分别是凯西公司、大卫公司和爱德华公司。三家公司的年报酬率以及其概率的资料如下表所示：

市场状况	发生概率	投资报酬率		
		凯西公司	大卫公司	爱德华公司
繁荣	0.3	40%	50%	60%
一般	0.5	20%	20%	20%
衰退	0.2	0	−15%	−30%

假设凯西公司的风险报酬系数为8%，大卫公司的风险报酬系数为9%，爱德华公司的风险报酬系数为10%。作为一名稳健的投资者，欲投资于期望报酬率较高而风险报酬率较低的公司。请你作出选择。

[**要求**] 通过计算出的数据作出选择。

14. 风险价值的应用题一

假定无风险报酬率为7%，市场上所有证券的平均报酬率为13%，现有如下四种证券：

证券	A	B	C	D
相应的β	1.5	1.0	0.6	2.0

[**要求**] 计算上述四种证券各自的必要报酬率。

15. 风险价值的应用题二

假定国库券的利息率为4%，市场证券组合的报酬率为12%，请按要求完成计算。

[**要求**]

(1)计算市场风险报酬率。

(2)当β值为1.5时，必要报酬率应为多少？

(3)如果一投资计划的β值为0.8，期望报酬率为9.8%，是否应当进行投资？

(4)如果某股票的必要报酬率为11.2%，其β值应为多少？

六、简答题

1. 简述年金的概念和种类。
2. 按风险程度，可把财务决策分为哪三类？
3. 证券组合的风险可分为哪两种？
4. 简述风险报酬的概念及其表示方法。
5. 何谓可分散风险？在组合投资中，不同投资项目之间的相关系数γ对可分散风险起到什么作用？
6. 何谓不可分散风险？如何计量股票的不可分散风险？
7. 如何对未来利率水平进行测算？

第三章

筹资方式

一、名词解释

1. 筹资　2. 普通股　3. 优先股　4. 债券
5. 融资租赁　6. 可转换公司债券　7. 认股权证　8. 授信额度
9. 周转信贷协定　10. 补偿性余额　11. 商业信用　12. 短期融资券

二、判断题

1. 吸收直接投资是非股份制企业筹措自有资本的一种基本形式。（　）
2. 发行股票是所有公司制企业筹措自有资本的基本方式。（　）
3. 对于股东而言，优先股比普通股有更优厚的回报，有更大的吸引力。（　）
4. B股、H股、N股的发行对象和上市地区均不同。（　）
5. 股票发行价格既可以按票面金额确定，也可以按超过票面金额或低于票面金额的价格确定。（　）
6. 普通股是最基本的资金来源，可作为其他方式筹资的基础，可以为债权人提供保障，可以增加公司的举债能力。（　）
7. 股份公司无论面对什么样的财务状况，争取早日上市交易都是正确的选择。（　）
8. 按照国际惯例，如果发现上市公司不再能满足规定的上市条件，则将被暂停其股票上市。（　）
9. 一般来说，发行证券费用最高的是普通股，其次是优先股，再次是公司债券。（　）
10. 利用普通股增资，可能引起普通股市价的下跌。（　）
11. 发行普通股筹资没有固定的利息负担，因此其资金成本较低。（　）
12. 利用商业信用筹资，与利用银行借款筹资不同，前者不必负担资金成本，后者肯定有利息等成本。（　）

13. 从理论上说，债权人不得干预企业的资金投向和股利分配方案。（ ）

14. 周转信贷协定是银行具有法律义务地承诺提供不超过某一最高限额的贷款协定。（ ）

15. 对于发行公司来讲，采用自销方式发行股票具有可及时筹足资本、免于承担发行风险等特点。（ ）

16. 优先股和可转换证券既具有债务筹资性质，又具有权益筹资性质。（ ）

17. 融资租赁实际上就是由租赁公司筹资购物，由承租企业租入并支付租金。（ ）

18. 一般来说，长期借款无论是资金成本还是筹资费用都较股票、债券要低。（ ）

19. 按担保品的不同，有担保债券又可分为动产抵押债券、不动产抵押债券和信用债券。（ ）

20. 可转换公司债券在到期时，由发行公司自行转为股票，然后通知原债券持有人。（ ）

21. 对发行公司而言，债券上市与股票上市一样，既有有利因素，也有不利因素。（ ）

22. 凡公司制企业均有发行公司债券的资格。（ ）

23. 发行公司债券所筹集到的资金，公司不得随心所欲地使用，必须按审批机关批准的用途使用，不得用于弥补亏损和非生产性支出。（ ）

24. 债券的票面金额是决定债券发行价格的最基本因素。债券发行价格的高低，从根本上取决于债券面额的大小。（ ）

25. 一般来说，债券的市场利率越高，债券的发行价格越低；反之，就越高。（ ）

26. 当其他条件相同时，债券期限越长，债券的发行价格就可能较低；反之，可能较高。（ ）

27. 债券的发行价格与股票的发行价格一样，只允许等价和溢价发行，不允许折价发行。（ ）

28. 借款人不履行合同规定的付息还本义务时，由保证人连带承担偿付本息的责任。（ ）

三、单项选择题

1. 以下筹资方式中，资金成本最高的是（ ）。

A. 普通股筹资　　B. 短期借款筹资

C. 长期借款筹资　　D. 债券筹资

2. 不属于直接筹资的是（ ）。

A. 吸收直接投资　　B. 发行股票　　C. 租赁　　D. 商业信用

3. 下列属于商业信用的筹资形式有（　　）。

A. 预收账款　　B. 应付工资　　C. 应交税费　　D. 其他应付款

4. 对于债券和股票，下列说法中不正确的是（　　）。

A. 债券的求偿权优于股票

B. 债券持有人不能参与公司决策，而普通股股东有权参与公司决策

C. 债券投资风险小于股票

D. 债券成本高于股票成本

5. 根据我国《公司法》的规定，股票不得（　　）发行。

A. 溢价　　B. 平价　　C. 折价　　D. 时价

6. 以下不属于长期筹资的是（　　）。

A. 发行股票　　B. 发行债券　　C. 商业信用　　D. 融资租赁

7. 债券发行价格高于面值是因为（　　）。

A. 债券票面利率高于市场利率　　B. 债券票面利率低于市场利率

C. 债券票面利率等于市场利率　　D. 与债券票面利率和市场利率无关

8. 属于企业间接筹资的是（　　）。

A. 商业信用　　B. 银行借款　　C. 发行债券　　D. 发行股票

9. 对债券进行信用评级主要是为了保护（　　）。

A. 大股东　　B. 中小股东　　C. 所有者　　D. 债权人

10. 企业发行债券筹集资金的缺点之一是（　　）。

A. 资金成本比股票筹资高　　B. 无法保证原有股东的控制权

C. 不利于发挥财务杠杆作用　　D. 筹资风险较高

11. 下列各项财务活动中，属于筹资活动的是（　　）。

A. 吸收直接投资　　B. 购买国库券

C. 分配利润　　D. 购买固定资产

12. 不具抵税效应，但可不考虑筹资费用的融资方式是（　　）。

A. 发行股票　　B. 发行债券

C. 留存收益筹资　　D. 银行借款

13. 债券成本一般要低于普通股成本，这主要是因为（　　）。

A. 债券的发行量小　　B. 债券的利息固定

C. 债券风险较低，且利息具有抵税效应

D. 债券的筹资费用少

14.（　　）属于企业负债资金的筹集方式。

A. 吸收直接投资　　B. 发行债券

C. 发行普通股　　D. 发行优先股

15. 普通股成本一般要高于债券成本,这主要是因为(　　)。

A. 普通股的发行量小　　B. 普通股的股利固定

C. 投资普通股风险较高,要求有较高的报酬

D. 普通股的筹资费用少

16. 与股票筹资方式相比,银行借款筹资的优点不包括(　　)。

A. 筹资速度快　　B. 借款弹性大　　C. 使用限制少　　D. 筹资费用低

17. 以公开、间接方式发行股票的优点不包括(　　)。

A. 发行范围广,易募足资本　　B. 股票变现性强,流通性好

C. 有利于提高公司知名度　　D. 发行成本低

18. 长期借款筹资与长期债券筹资相比,其特点是(　　)。

A. 利息能节税　　B. 筹资弹性大　　C. 筹资费用大　　D. 债务利息高

19. 对于发行股票而言,发行公司债券筹资的优点是(　　)。

A. 筹资风险小　　B. 限制条款少　　C. 筹资额度大　　D. 资本成本低

20. 企业向银行借入长期借款,若预测市场利率将下降,企业应与银行签订(　　)。

A. 浮动利率合同　　B. 固定利率合同

C. 抵押贷款　　D. 无抵押贷款

21. 对于负债筹资方式而言,采用发行普通股方式筹借资金的优点是(　　)。

A. 有利于降低资本成本　　B. 有利于集中企业控制权

C. 有利于降低财务风险　　D. 有利于发挥财务杠杆作用

22. 相对于普通股股东而言,优先股股东所拥有的优先权是(　　)。

A. 优先表决权　　B. 优先认股权

C. 优先分配股利权　　D. 优先查账权

23. 下列权利中,不属于普通股股东权利的是(　　)。

A. 公司管理权　　B. 分享盈余权

C. 优先认股权　　D. 优先分配剩余财产权

24. 出租人既出租某项资产,又以该项资产为担保借入资金的租赁方式是(　　)。

A. 经营租赁　　B. 售后租回　　C. 杠杆租赁　　D. 直接租赁

25. 下列有关优先股的说法,错误的是(　　)。

A. 优先股是一种介于债券和股票之间的混合证券

B. 优先股股利不能在企业所得税税前扣除,而债券的利息可以在企业所得税税前扣除

C. 公司不支付优先股股利会导致公司破产

D. 优先股没有到期期限，不需要偿还本金

26. 商业信用筹资最大的优越性在于（　　）。

A. 使用方便，容易取得　　B. 期限较短

C. 不负担成本　　D. 是一种短期筹资形式

四、多项选择题

1. 企业筹资的动机主要有（　　）。

A. 新建筹资动机　　B. 扩张筹资动机

C. 调整性筹资动机　　D. 混合筹资动机

2. 下列筹资活动中，属于直接筹资方式的有（　　）。

A. 发行股票筹资　　B. 发行债券筹资

C. 银行借款筹资　　D. 投入资本筹资

E. 融资租赁筹资

3. 决定债券发行价格的因素有（　　）。

A. 债券面额　　B. 票面利率　　C. 公司经济效益

D. 债券期限　　E. 市场利率

4. 股票上市的主要缺点是（　　）。

A. 不利于确定公司价值　　B. 分散控制权

C. 负担较高的信息报道成本　　D. 不便于筹措新资金

5. 长期资本通常使用的筹集方式有（　　）。

A. 发行股票　　B. 发行债券　　C. 长期借款　　D. 融资租赁

E. 商业信用

6. 负债融资与股票融资相比，其缺点是（　　）。

A. 资本成本较高　　B. 具有使用上的时间性

C. 财务风险较大　　D. 限制资本支出的规模

7. 经营租赁的特点主要有（　　）。

A. 承租企业可随时向出租人提出租赁资产

B. 租赁期短，不涉及长期而固定的业务

C. 租赁合同比较灵活

D. 租赁期满，租赁资产一般归还给出租者

8. 企业选择贷款银行时应当考虑的因素有（　　）。

A. 银行提供的贷款种类　　B. 银行的稳定性

C. 银行贷款的专业化程序　　D. 银行对企业的态度

9. 有关债券发行的说法，正确的有（　　）。

A. 当票面利率高于市场利率时，以溢价发行债券

B. 当票面利率低于市场利率时，以折价发行债券

C. 溢价发行时，企业实际负担的利息支出小于按票面利率计算的利息

D. 折价发行时，企业实际负担的利息支出小于按票面利率计算的利息

10. 债券融资的优点有（　　）。

A. 享受税收上的利益，资金成本较低　　B. 可利用财务杠杆，增加股东收益

C. 不影响公司控制权　　D. 公司决策力度增强

11. 企业筹集短期资金时可采用的方式有（　　）。

A. 发行股票　　B. 商业信用　　C. 向银行借款　D. 融资租赁

12. 短期负债融资的特点是（　）。

A. 融资速度快　　B. 资金成本低　　C. 财务风险高　D. 筹资数量多

13. 与短期借款融资相比，长期借款融资的缺点有（　　）。

A. 资金成本较高　　B. 限制条件较多

C. 融资风险较大　　D. 还款期限较长

14. 有资格发行债券的主体是（　　）。

A. 股份有限公司　　B. 有限责任公司

C. 国有独资公司　　D. 中外合资企业

E. 合伙企业

15. 融资租赁的形式包括（　　）。

A. 经营租赁　　B. 售后回租　　C. 直接租赁　　D. 杠杆租赁

E. 资本租赁

16. 以公开、间接方式发行股票的特点是（　　）。

A. 发行范围广，易募足资本　　B. 股票变现性强，流通性好

C. 有利于提高公司知名度　　D. 发行成本低

17. 放弃现金折扣的成本受折扣百分比、折扣期和信用期的影响。下列各项中，使放弃现金折扣成本提高的情况有（　　）。

A. 信用期和折扣期不变，折扣百分比提高

B. 折扣期、折扣百分比不变，信用期延长

C. 折扣百分比不变，信用期和折扣期等量延长

D. 折扣百分比、信用期不变，折扣期延长

18. 股份公司申请股票上市，将会使公司（　　）。

A. 资本大众化，在分散风险的同时也会分散公司的控制权

B. 便于筹措新资金　　C. 便于确定公司价值

D. 负担较高的信息披露成本

19. 下列属于长期借款的特殊性保护条款的有(　　)。

A. 贷款专款专用

B. 限制企业高级职员的薪金和奖金总额

C. 要求企业主要领导人在合同有效期间担任领导职务

D. 要求企业主要领导人购买人身保险

20. 下列各项中,(　　)属于发行普通股筹资方式的缺点。

A. 限制条件多　　B. 财务风险大

C. 控制权分散　　D. 资本成本高

21. 相对于发行普通股筹资方式而言,长期借款筹资的缺点主要有(　　)。

A. 财务风险较大　　B. 资本成本较高

C. 筹资数额有限　　D. 筹资速度较慢

22. 与发行债券筹资相比,长期借款筹资的优点表现在(　　)。

A. 筹资速度较快　　B. 财务风险小

C. 限制性条款较少　　D. 借款弹性较大

23. 相对于普通股股东而言,优先股股东可以优先行使的权利有(　　)。

A. 优先认股权　　B. 优先表决权

C. 优先分配股利权　　D. 优先分配剩余财产权

24. 下列(　　)属于发行普通股筹资的优点。

A. 是企业稳定的资本基础　　B. 是企业良好的信誉基础

C. 财务风险较小　　D. 保持公司的控制权

25. 下列(　　)属于银行借款的一般性保护条款。

A. 企业定期向贷款机构报送财务报表

B. 禁止企业贴现应收票据或转让应收账款

C. 禁止以资产作为其他承诺的担保或抵押

D. 对企业流动资金保持量的规定

E. 限制高级管理人员的工资和奖金支出

26. 银行借款合同的保护条款包括(　　)。

A. 基本条款　　B. 一般性保护条款

C. 附加保护条款　　D. 特殊性保护条款

27. 股权再融资的基本形式有(　　)。

A. 公开增发股票　　B. IPO　　C. 配股　　D. 发放股票股利

28. 根据《证券法》的规定，公开发行公司债券，应当符合下列(　　)条件。
   A. 股份有限公司的净资产不低于人民币 3 000 万元，有限责任公司的净资产不低于人民币 6 000 万元
   B. 累计债券余额不超过公司净资产的 40%
   C. 最近 3 年平均可分配利润足以支付公司债券 1 年的利息
   D. 债券的利率不超过国务院限定的利率水平

29. 可转换债券设置合理的回售条款，可以(　　)。
   A. 保护债券投资人的利益
   B. 可以促使债券持有人转换股份
   C. 可以使投资者具有安全感，因而有利于吸引投资者
   D. 可以使发行公司避免市场利率下降后继续的损失

30. 下列有关优先股的说法，正确的有(　　)。
   A. 与普通股相比，发行优先股一般不会稀释股东权益
   B. 优先股股利不可以税前扣除，其资本成本大于负债筹资成本
   C. 优先股是相对于普通股而言的，在某些权利方面优先于普通股
   D. 优先股会增加公司的财务风险并进而增加普通股的成本

五、计算分析题

1. 不同市场利率情况下债券发行价格的计算

华盛公司拟发行债券筹资，债券面额为 1 000 元，票面利率为 10%，债券期限为 8 年，每年末付息一次，到期还本。

［要求］ 试计算该债券在下列市场利率下的发行价格：

(1)市场利率为 6%。

(2)市场利率为 10%。

(3)市场利率为 15%。

2. 确定租金方法的应用

明达公司采用融资租赁方式，于 2010 年 1 月 1 日从租赁公司租入一台设备，设备价款为200 000元，租期为 5 年，到期后设备归承租方所有。租赁期间贴现率为 15%，采用后付等额年金方式支付租金。

［要求］ 计算每年年末应支付租金的数额。

3. 周转信贷协定信用条件下承诺费的计算

某企业与银行商定周转信贷额为 200 万元，承诺费率为 0.5%，借款企业年度内实际使用了 150 万元，余额为 50 万元。

［要求］ 计算借款企业应向银行支付的承诺费金额。

4. 补偿性余额信用条件下实际利率的计算

阳光公司按年利率6%向银行借款100万元，银行要求维持贷款限额15%的补偿性余额。

［要求］

(1)计算阳光公司实际可用的借款额。

(2)计算阳光公司借款的实际年利率。

5. 商业信用下企业放弃现金折扣时资金成本的计算

云翔公司按"2/10，n/30"的信用条件购买商品，货款500万元，该公司放弃现金折扣，在信用期内付款。

［要求］ 计算该公司放弃现金折扣所负担的资金成本。

六、简答题

1. 简述企业的筹资动机。
2. 简述企业的筹资渠道和筹资方式。
3. 简述吸收直接投资的优缺点。
4. 简述普通股股东的权利。
5. 简述发行普通股筹资的优点和缺点。
6. 简述股票的销售方式。
7. 简述优先股筹资的优点和缺点。
8. 试分析债券发行价格的决定因素。
9. 试说明发行债券筹资的优点和缺点。
10. 简述长期借款筹资的优点和缺点。
11. 简述融资租赁的概念和主要形式。
12. 简述融资租赁筹资的优点和缺点。
13. 简述可转换公司债券筹资的优点和缺点。
14. 试分析认股权证的特点和认股权证筹资的作用。
15. 简述短期借款筹资的优点和缺点。
16. 简述商业信用筹资的特点。

第四章

资本成本和资本结构

一、名词解释

1. 资本成本	2. 用资费用	3. 筹资费用
4. 个别资本成本	5. 综合资本成本	6. 边际资本成本
7. 筹资分界点	8. 经营杠杆	9. 财务杠杆
10. 复合杠杆	11. 资本结构	12. 每股收益无差别点

二、判断题

1. 资金成本是企业为筹集资金而付出的代价。（　）

2. 企业资本结构最佳时，也是财务风险最小时。（　）

3. 用资费用属于变动性费用，筹资费用属于固定性费用。（　）

4. 一般而言，债券成本要高于长期借款成本。（　）

5. 在公司的全部资本里，普通股以及留用利润的风险最大，要求报酬相应最高，因此，其资本成本也高。（　）

6. 边际资本成本率是实现目标资本结构的资本成本率。（　）

7. 受营业杠杆的影响，当销售额下降时，息税前利润下降更快。（　）

8. 营业杠杆和财务杠杆的相互影响程度，可用联合杠杆系数来衡量。（　）

9. 在一定的限度内合理提高债务资本的比率，可以降低企业的综合资本成本，发挥财务杠杆作用，降低财务风险。（　）

10. 由于财务杠杆的作用，当息税前利润下降时，普通股每股收益会下降更快。（　）

11. 如果企业债权筹资为零，则财务杠杆系数为1。（　）

12. 当财务杠杆系数为1、营业杠杆系数为1时，则联合杠杆系数为2。（　）

13. 当公司预期的息税前利润为1 000万元、每股收益无差别点的息税前利润为1 200万元时，应尽量采用权益筹资。 (　　)

三、单项选择题

1.(　　)可以作为比较各种筹资方式优劣的尺度。

A. 个别资本成本　　B. 边际资本成本

C. 综合资本成本　　D. 资本总成本

2.(　　)可以作为资本结构决策的基本依据。

A. 个别资本成本　　B. 综合资本成本

C. 边际资本成本　　D. 资本总成本

3.(　　)可以作为比较选择追加筹资方案的重要依据。

A. 个别资本成本　　B. 综合资本成本

C. 边际资本成本　　D. 资本总成本

4. 下列筹资方式中，资本成本最低的是(　　)。

A. 发行股票　　B. 发行债券　　C. 长期借款　　D. 留存收益

5. 下列筹资方式中，资本成本最高的是(　　)。

A. 发行普通股　　B. 发行债券　　C. 发行优先股　　D. 长期借款

6. 当财务杠杆系数为1时，下列表述正确的是(　　)。

A. 息税前利润增长率为零　　B. 息税前利润为零

C. 固定性融资成本为零　　D. 固定经营成本为零

7. 企业在经营决策时对经营成本中固定成本的利用，称为(　　)。

A. 财务杠杆　　B. 总杠杆　　C. 联合杠杆　　D. 营业杠杆

8. 息税前利润变动率相当于销售额变动率的倍数，表示的是(　　)。

A. 边际资本成本　　B. 财务杠杆系数

C. 营业杠杆系数　　D. 联合杠杆系数

9. 企业在制定资本结构决策时对债务资本的利用，称为(　　)。

A. 营业杠杆　　B. 总杠杆　　C. 财务杠杆　　D. 联合杠杆

10. 普通股每股收益变动率相当于息税前利润变动率的倍数，表示的是(　　)。

A. 边际资本成本　　B. 财务杠杆系数

C. 营业杠杆系数　　D. 联合杠杆系数

11. 当营业杠杆系数和财务杠杆系数都是1.5时，则联合杠杆系数应为(　　)。

A. 3　　B. 2.25　　C. 1.5　　D. 1

12. 要使资本结构达到最佳，应使(　　)达到最低。

A. 综合资本成本率　　B. 边际资本成本率
C. 债务资本成本率　　D. 自有资本成本率

13. 计算下列各种个别资金成本时，无需考虑筹资费用的是(　　)。
A. 长期借款成本　　B. 长期债券成本
C. 普通股成本　　D. 留存收益成本

14. 资本结构理论中，认为公司的债权资本比例越高，综合资本成本率就越低，从而公司的价值就越大的是(　　)。
A. 净收益理论　　B. 净营业收益理论
C. MM 理论　　D. 代理理论
E. 啄食顺序理论

15. 资本结构理论中，认为公司的价值取决于其实际资产，与其资本结构无关的是(　　)。
A. 净收益理论　　B. 净营业收益理论
C. MM 理论　　D. 代理理论
E. 啄食顺序理论

16. 资本结构理论中，认为企业融资一般会遵循内部融资、债务融资、权益融资这样的先后顺序的是(　　)。
A. 净收益理论　　B. 净营业收益理论
C. MM 理论　　D. 代理理论
E. 啄食顺序理论

四、多项选择题

1. 能够在所得税前列支的费用包括(　　)。
A. 长期借款的利息　　B. 债券利息
C. 债券筹资费用　　D. 优先股股利
E. 普通股股利

2. 决定综合资本成本高低的因素有(　　)。
A. 个别资本的数量　　B. 总成本的数量
C. 个别资本成本　　D. 加权平均权数
E. 个别资本的种类

3. 综合资本成本的权数可有以下三种选择：(　　)。
A. 票面价值　　B. 账面价值　　C. 市场价值　　D. 目标价值
E. 清算价值

4. 当企业进行资本结构比较、筹资方式比较和追加筹资方案比较的决策时，应该依据的成本有(　　)。

A. 债务资本成本　　B. 权益资本成本
C. 个别资本成本　　D. 综合资本成本
E. 边际资本成本

5. 企业在经营决策时对经营成本中固定成本的利用，称为(　　)。

A. 营业杠杆　B. 金融杠杆　C. 经营杠杆　D. 联合杠杆

6. 影响营业风险的主要因素有(　　)。

A. 产品需求的变动　　B. 产品售价的变动
C. 固定成本的变动　　D. 利率水平的变动
E. 单位产品变动成本的变化

7. 下列各种项目中，属于资金成本中的筹资费用的有(　　)。

A. 发行股票的发行费　　B. 向银行支付的利息
C. 银行借款手续费　　D. 向股东支付的股利

8. 只要在企业的筹资方式中有(　　)，就存在财务杠杆作用。

A. 长期借款　B. 长期债券　C. 优先股　D. 普通股
E. 留存收益

9. 公司资本结构最佳时，应该(　　)。

A. 资本成本最低　　B. 财务风险最小
C. 营业杠杆系数最大　　D. 债务资本最多
E. 公司价值最大

10. 在企业资本结构决策中，可利用的杠杆原理有(　　)。

A. 营业杠杆　B. 销售杠杆　C. 财务杠杆　D. 金融杠杆
E. 联合杠杆

五、计算分析题

1. 债券资本成本率的计算

瑞祥公司发行期限为5年、利率为12%的债券一批，发行总价格为250万元，发行费率为1.3%；该公司所得税税率为25%。

[要求] 试计算瑞祥公司该债券的资本成本率。

2. 普通股资本成本率的计算

方华股份有限公司普通股现行市价每股为15元，现增发新股80 000股，预计筹资费用率为3%，第一年每股发放股利2元，股利增长率为4%。

［要求］ 试计算本次增发普通股的资本成本率。

3. 优先股资本成本率的计算

万德公司拟发行优先股 200 万元，预定年股利率为 13.5%，预计筹资费用为 8 万元。

［要求］ 试计算万德公司该优先股的资本成本率。

4. 综合资本成本率的计算

华发公司拟筹资 6 000 万元建一生产线。采用以下四种方式筹资：

(1)发行普通股 1 000 万股，面值 1 元，发行价格 1.2 元/股，预计第一年股利为 0.15 元/股，以后每年增长 2%，发行费率 8‰；

(2)发行优先股 500 万股，面值 1 元，发行价格 2 元/股，年股利额 0.12 元，发行费率 5‰；

(3)银行长期借款 1 800 万元，年利率 5%，每年结息一次，到期一次还本。银行规定补偿性余额比例为 20%；

(4)发行债券 2 000 万元，面值 100 元，发行价格 110 元，票面利率 8%，每年末付息，到期还本，筹资费率 3‰。

该公司的所得税税率为 25%。

［要求］ 试计算华发公司本次筹资的综合资本成本率。

5. 杠杆系数的计算

某企业年销售额为 280 万元，息税前利润为 80 万元，固定成本为 32 万元，变动成本率为 60%；资本总额为 200 万元，债务资本比率为 40%，债务利率为 12%。

［要求］ 试分别计算该企业的营业杠杆系数、财务杠杆系数和联合杠杆系数。

6. 综合计算

金宇公司生产和销售 A 产品，其销售单价为 20 元，单位变动成本为 13 元(即变动成本率为 65%)，固定成本总额为 80 万元；公司全部长期资本为 500 万元，其中普通股本占 60%，发行在外的普通股股数为 100 万股；债务资本占 40%，平均年利率为 6%。公司所得税税率为 25%。企业无优先股股利。

假定该企业 2006 年度 A 产品的销售量为 20 万件，预测 2007 年 A 产品的销售量将增加 10%。

［要求］

(1)计算 2006 年该企业的息税前利润和每股收益。

(2)计算 2006 年该企业的经营杠杆系数、财务杠杆系数和复合杠杆系数。

(3)计算 2007 年该企业息税前利润增长率。

(4)计算 2007 年该企业的每股收益。

7. 比较资本成本法的应用

欣美公司在初创时拟筹资500万元，现有甲、乙两种备选方案。有关资料经测算列入下表：

筹资方式	筹资方案甲		筹资方案乙	
	筹资额(万元)	个别资本成本率(%)	筹资额(万元)	个别资本成本率(%)
长期借款	80	7.0	110	7.5
公司债券	120	8.5	40	8.0
普通股	300	14.5	350	14.2
合　计	500	—	500	—

［**要求**］　试计算比较该公司甲、乙两种筹资方案的综合资本成本，并据以选择筹资方案。

8. 每股收益分析法的应用

东方公司目前的资本来源包括每股面值1元的普通股5 000万股和平均利率为8%的3 000万元债务。该公司现在拟投产一个新产品，该项目需要投资2 000万元，投产后预期可实现息税前利润3 500万元。该项目备选的筹资方案有以下两个：

(1)按2.5元/股的价格增发普通股800万股。

(2)按10%的利率发行债券(原有债券利率不变)。公司适用的所得税税率为25%。证券发行费忽略不计。

［**要求**］

(1)计算增发普通股和债券筹资的每股收益无差别点；并根据计算结果分析，该公司应当选择哪种筹资方式？

(2)计算按不同方案筹资后的普通股每股收益。

六、简答题

1. 简述资本成本的概念和内容。
2. 简述资本成本的作用。
3. 试说明经营杠杆和财务杠杆的含义。
4. 简述资本结构的概念及其影响因素。
5. 简述资本结构理论的代表性观点。

第五章

项目投资管理

一、名词解释

1. 初始投资　　2. 建设投资　　3. 现金流量
4. 净现金流量　　5. 沉没成本　　6. 机会成本
7. 投资回收期　　8. 内含报酬率　　9. 现值指数

二、判断题

1. 通常会计上的投资是指对外投资，而财务管理中的投资既包括对外投资，也包括对内投资 。 (　　)

2. 直接投资是把资金投放于证券等金融资产，以便获得股利或利息收入的投资。(　　)

3. 对内投资都是直接投资，对外投资都是间接投资。 (　　)

4. 净现值法考虑了资金的时间价值，能够反映各种投资方案的净收益，但是不能揭示各个投资方案本身可能达到的投资报酬率。 (　　)

5. 评价投资方案经济效果的方案很多，但不管采取哪一种方法，都必须估算投资项目的初始投资额。 (　　)

6. 短期投资属流动资产投资，是指能够并且也准备在 1 年以上收回的投资。(　　)

7. 一般而言，收益越大，则风险越小，收益的增加是以风险的控制为代价的，而风险的增加将会引起企业价值的下降，不利于财务目标的实现。 (　　)

8. 内部长期投资主要包括固定资产投资和无形资产投资。 (　　)

9. 初始现金流量与营业现金流量之和就是终结现金流量。 (　　)

10. 每年净现金流量既等于每年营业收入与付现成本和所得税之差，又等于净利与折旧之和。 (　　)。

11. 现金流量是按照收付实现制计算的，而在作出投资决策时，应该以按照权责发生制计算出的营业利润作为评价项目经济效益的基础。（　　）

12. 无论每年的营业净现金流量是否相等，投资回收期均可按下式计算：投资回收期＝原始投资额/每年的 NCF。（　　）

13. 在有多个备选方案的互斥选择决策中，一定要选用净现值最大的方案。（　　）

14. 在互斥选择决策中，净现值法有时会作出错误的决策，而内部报酬率法则始终能得出正确的答案。（　　）

15. 进行长期投资决策时，如果某一备选方案的净现值比较小，那么该方案的内部报酬率也相对较低。（　　）

16. 内含报酬率反映了投资项目的真实报酬率。（　　）

三、单项选择题

1. 公司新建厂房需使用公司拥有的一块土地，不必动用资金购买，但当初公司是以 50 万元购入这块土地的。假设目前这块土地出售的市价为 80 万元，如在这块土地上兴建厂房，应（　　）。

A. 以 50 万元作为投资分析的机会成本考虑

B. 以 80 万元作为投资分析的机会成本考虑

C. 以 30 万元作为投资分析的机会成本考虑

D. 以 130 万元作为投资分析的机会成本考虑

2. 在投资决策评价方法中，不考虑时间价值的方法是（　　）。

A. 净现值法　　B. 获利指数法

C. 内部报酬率法　　D. 平均报酬率法

3. 某企业欲购进一套新设备，要支付 400 万元，该设备的使用寿命为 4 年，无残值，采用直线法提取折旧。预计每年可产生税前净利 140 万元。如果所得税税率为 40%，则回收期为（　　）年。

A. 4.5　　B. 2.9　　C. 2.2　　D. 3.2

4. 某投资项目的原始投资为 12 万元，当年完工投产，有效期为 3 年，每年可获得现金净流量 4.6 万元，则该项目内部报酬率为（　　）。

A. 6.68%　　B. 7.33%　　C. 7.68%　　D. 8.32%

5. 计算营业现金流量时，每年净现金流量可按下列公式的（　　）来计算。

A. *NCF*＝每年营业收入－付现成本

B. *NCF*＝每年营业收入－付现成本－所得税

C. *NCF*＝净利＋折旧＋所得税

D. NCF＝净利＋折旧－所得税

6. 当贴现率与内部报酬率相等时，（　　）。

A. 净现值小于零　　B. 净现值等于零

C. 净现值大于零　　D. 净现值不一定

7. 当一项长期投资的净现值大于零时，下列说法不正确的是（　　）。

A. 该方案不可投资

B. 该方案未来报酬的总现值大于初始投资的现值

C. 该方案获利指数大于1

D. 该方案的内部报酬率大于其资本成本

8. 若净现值为负数，表明该投资项目（　　）。

A. 它的投资报酬率小于零，不可行

B. 为亏损项目，不可行

C. 它的投资报酬率不一定小于零，因此也有可能是可行方案

D. 它的投资报酬率没有达到预定的贴现率，不可行

9. 某投资方案的贴现率为 18％时，净现值为－3.17；贴现率为 16％时，净现值为 6.12。则该方案的内部报酬率为（　　）。

A. 14.68％　　B. 16.68％　　C. 17.32％　　D. 18.32％

10. 营业现金流量是指投资项目投入使用后，在其寿命周期内由于生产经营所带来的现金流入和流出的数量。这里的现金流出是指（　　）。

A. 营业现金支出　　B. 缴纳的税金

C. 付现成本　　D. 营业现金支出

11. 某项目的风险报酬率系数为 1.2，预期的标准离差率为 0.06，无风险报酬率为 10％，则该项目按风险调整的贴现率为（　　）。

A. 14.8％　　B. 16％　　C. 17.2％　　D. 18％

四、多项选择题

1. 短期投资属于流动资产投资，是指能够并且也准备在 1 年以内收回的投资，主要是指对（　　）等的投资。

A. 现金　　B. 机器设备　　C. 应收账款　　D. 存货

E. 短期有价证券

2. 对外投资是指企业以（　　）等方式向其他单位的投资。

A. 现金　　B. 实物　　C. 无形资产　　D. 股票

E. 债券

3. 企业进行内部长期投资的投资总额，一般由以下几个方面构成：（ ）。
A. 投资前费用
B. 设备购置费用
C. 设备安装费用
D. 建筑工程费
E. 营运资金的垫支

4. 在考虑所得税因素以后，能够计算出营业现金流量的公式有（ ）。
A. 营业现金流量＝税后收入－税后成本＋税负减少
B. 营业现金流量＝收入×(1－税率)－付现成本×(1－税率)＋折旧×税率
C. 营业现金流量＝税后净利＋折旧
D. 营业现金流量－税后净利＋折旧－所得税
E. 营业现金流量＝营业收入－付现成本－所得税

5. 确定一个投资方案可行的必要条件是（ ）。
A. 净现值大于零
B. 现值指数大于1
C. 回收期小于1年
D. 内部报酬率较高
E. 内部报酬率大于1

6. 对于同一投资方案，下列说法正确的是（ ）。
A. 资本成本越高，净现值越低
B. 资本成本越高，净现值越高
C. 资本成本相当于内部报酬率时，净现值为零
D. 资本成本高于内部报酬率时，净现值小于零
E. 资本成本高于内部报酬率时，净现值大于零

7. 下列表述中，正确的有（ ）。
A. 肯定当量法有夸大远期风险的特点
B. 肯定当量法可以与净现值法结合使用
C. 风险调整贴现率法把时间价值和风险价值混在一起，并据此对现金流量进行贴现
D. 肯定当量法的主要困难是确定合理的当量系数
E. 肯定当量法可以消除投资决策的风险

8. 在投资决策分析中使用的贴现现金流量指标有（ ）。
A. 净现值
B. 内部报酬率
C. 投资回收期
D. 获利指数
E. 平均报酬率

9. 下列几个因素中，影响内部报酬率的有（ ）。
A. 银行存款利率
B. 银行贷款利率
C. 企业必要投资报酬率
D. 投资项目有效年限
E. 初始投资额

10. 有两个投资方案，投资的时间和数额相同，甲方案从现在开始每年现金流入 4 000元，连续 6 年；乙方案从现在开始每年现金流入 6 000 元，连续 4 年。假设它们的净现值相等且小于零，则（　　）。

A. 乙方案优于甲方案　　B. 甲方案优于乙方案

C. 甲、乙均是可行方案　　D. 甲、乙均不是可行方案

E. 两个方案使用了不同的贴现率

11. 对于项目寿命不等的投资决策，可采纳的决策方法有（　　）。

A. 最小公倍寿命法　　B. 年均净现值法

C. 内部报酬率法　　D. 获利指数法

E. 回收期法

12. 在长期投资决策中，初始现金流量包括（　　）。

A. 固定资产上的投资　　B. 流动资产上的投资

C. 原有固定资产的变价收入　　D. 其他投资费用

E. 营业费用

13. 对净现值、内部报酬率和获利指数这三项指标进行比较，下列说法正确的有（　　）。

A. 在多数情况下，运用净现值和内部报酬率得出的结论是相同的

B. 在互斥选择决策中，净现值法有时会得出错误的结论

C. 在这三种方法中，净现值是最好的评价方法

D. 一般来说，内部报酬率法只能用于资本限量的情况

E. 这三项指标在采纳与否决策中都能得出正确的结论

五、计算分析题

1. 企业准备建一条新的生产线，预计各项支出如下：设备购置费1 080 000元，安装调试费210 000元，建筑工程费500 000元，投资时需垫支流动资金100 000元，其他投资费用 50 000元，不可预见费为上述投资的 10%。

[**要求**]　请计算本条生产线的投资总额。

2. 某公司因业务发展需要，准备购入一套设备。现有甲、乙两个方案可供选择，其中甲方案需投资 20 万元，使用寿命为 5 年，采用直线法计提折旧，5 年后设备无残值；5 年中每年销售收入为 8 万元，每年的付现成本为 3 万元。乙方案需投资 24 万元，也采用直线法计提折旧，使用寿命也为 5 年，5 年后有残值收入 4 万元；5 年中每年的销售收入为 10 万元，付现成本第一年为 4 万元，以后随着设备不断陈旧，逐年将增加日常修理费2 000 元，另需垫支营运资金 3 万元。假设所得税税率为 40%。

［要求］

(1)试计算两个方案的现金流量。

(2)如果该公司的资本成本为10%,试用净现值法对两个方案作出取舍。

3. 某公司决定进行一项投资,投资期为3年。每年年初投资2 000万元,第四年年初开始投产,投产时需垫支500万元营运资金,项目寿命期为5年,5年中会使企业每年增加销售收入3 600万元,每年增加付现成本1 200万元。假设该企业的所得税税率为30%,资本成本为10%,固定资产无残值。

［要求］ 计算该项目投资回收期、净现值。

4. A公司拟更新一台旧设备,以提高效率,降低营运成本。

旧设备原值24万元,账面净值15.9万元,年折旧额为2.7万元,已使用3年,尚可使用5年,如继续使用,5年末残值为2.4万元。旧设备的变现价值为12.8万元。使用旧设备,每年可实现营业收入13.2万元,付现成本6.5万元。

新设备购置价格为32万元,可用8年,8年末,残值为3.2万元。使用新设备可增加营业收入1.5万元,同时降低付现成本1.3万元。

假设固定资产采用直线法计提折旧,贴现率为10%,所得税税率为25%。

［要求］ 请做出设备是否需要更新的决策。

5. 某公司原有设备一套,购置成本为150万元,预计使用10年,已使用5年,预计残值为原值的10%,该公司采用直线法提取折旧,现该公司拟购买新设备替换原设备,以提高生产率,降低成本。新设备的购置成本为200万元,使用年限为5年,同样采用直线法提取折旧,预计残值为购置成本的10%,使用新设备后公司每年的销售额可以从1 500万元上升到1 650万元,每年付现成本将从1 100万元上升到1 150万元,公司如购置新设备,旧设备出售可得收入100万元,该企业的所得税税率为25%,资本成本为10%。

［要求］ 通过计算说明该设备应否更新。

六、简述题

1. 简述企业投资的特点。
2. 试分析企业投资的动机。
3. 简述项目投资分类与投资内容。
4. 简述项目投资的决策程序与内容。
5. 简述现值指数的优点和缺点。
6. 简述内含报酬率的优点和缺点。
7. 试比较净现值法与内含报酬率法。
8. 试分析贴现评价指标广泛应用的原因。

第六章

证券投资管理

一、名词解释

1. 普通股　　2. 优先股　　3. 蓝筹股　　4. 累积优先股
5. 参与优先股　　6. 可转换优先股　　7. 契约型基金　　8. 公司型基金
9. 封闭型基金　　10. 开放型基金　　11. 金融衍生工具　　12. 债券
13. 国际债券　　14. 外国债券　　15. 欧洲债券　　16. 金融期货
17. 认股权证　　18. 系统性风险

二、判断题

1. 在通货膨胀情况下，变动收益证券的收益比固定收益证券的收益要大得多。（　　）
2. 优先股属于变动收益证券。（　　）
3. 公募证券是向事先确定的投资者发行的证券。（　　）
4. 有限责任公司的股份不可以自由转让。（　　）
5. 股东拥有对企业资产的实际占有权和支配权。（　　）
6. 采用债券方式筹集资金，如果发生通货膨胀，企业的负担会加重。（　　）
7. 公司制证券交易所以盈利为目的。（　　）
8. 买卖证券的双方，如有一方违约，给另一方造成损失时，交易所负有赔偿责任。（　　）
9. 我国证券交易撮合制度使用间歇型交易撮合制度。（　　）
10. 证券公司代理证券发行过程中，证券发行风险由证券公司承担。（　　）
11. 投资银行实际上就是商业银行。（　　）

12. 中央银行在证券市场大量购进证券的行为，属于回笼货币；反之，大量售出，则属于投放货币。（　）

13. 证券二级市场单纯是指证券交易所。（　）

14. 股票发行者虽然财务公开，但经营权并不公开。（　）

15. 用现金流贴现模型计算股票内在价值时，当计算的内部收益率大于必要收益率时，可以考虑购买这种股票。（　）

16. 认股权证的杠杆作用是指认股权证价格的小幅波动能够引起可选购股票价格的大幅波动。（　）

17. 确定基金价格最根本的依据是其盈利水平和市场利率。（　）

18. 可转换证券的市场价格必须保持在它的理论价值和转换价值之下。（　）

19. 宏观经济因素是影响证券市场长期走势的唯一因素。（　）

20. 总量分析完全是一种动态分析。（　）

21. 在统计 GDP 时用到的"长住居民"，包括居住在本国的公民、暂居外国的本国公民和长期居住在本国但未加入本国国籍的居民。（　）

22. GDP 增长，必然有证券市场指数的增长。（　）

23. 当社会总需求不足时，使用扩张性财政政策，将促使证券市场价格上涨。（　）

24. 中央银行提高再贴现率，将提高货币供应量。（　）

25. 汇率上升，本币贬值，出口型企业的盈利将增加。（　）

26. 当处于高通货膨胀时，即便 GDP 在增长，也必须实行紧缩政策。（　）

27. 通货膨胀通常对经济造成破坏，而通货紧缩将会使实际经济总量增加。（　）

28. 一国经济越开放，证券市场的国际化程度越高，证券市场受汇率变化的影响越大。（　）

29. 在完全竞争的市场类型中，所有的企业都无法控制市场的价格和使产品差异化。（　）

30. 公用事业、稀有金属矿藏开采业等属于寡头垄断的市场类型。（　）

31. 周期型行业的运动状态与经济周期呈负相关，即当经济上升时，这些行业会收缩；当经济衰退时，这些行业会扩张。（　）

32. 有时候，当经济衰退时，防御型行业或许会有实际增长。（　）

33. 成熟期的行业盈利很大，投资风险也相对较高。（　）

34. 食品业和公用事业在经济衰退时，其收入仍相对稳定。（　）

35. 处于产业生命周期初创阶段的企业适合投资者投资，不适合投机者。（　）

36. 市场占有率指标是企业市场营销战略的核心。（　）

37. 资产负债表是反映公司在某一特定时点财务状况的动态报告。（　）

38. 企业流动资产越多，短期债务越少，其偿债能力越强。（ ）

39. 资产负债比率是资产总额除以负债总额的百分比。（ ）

40. 关联交易属于内幕交易的范畴。（ ）

三、单项选择题

1. 下列（ ）不属于固定收益证券。

A. 优先股　B. 固定收益债券　C. 股票　D. 存单

2. 股份有限公司的执行和决策机构是（ ）。

A. 股东大会　B. 董事会　C. 监事会　D. 经理

3. 下列（ ）不属于股东权利。

A. 参与重大事项决策　B. 转让股份

C. 享有股息分配　D. 参与日常事务管理

4. 恶性通货膨胀是指年通胀率达（ ）的通货膨胀。

A. 10%以下　B. 两位数　C. 三位数以上　D. 四位数以上

5. “市场永远是对的”是（ ）的观点。

A. 基本分析流派　B. 技术分析流派

C. 心理分析流派　D. 学术分析流派

6. 我们把根据证券市场本身的变化规律得出的分析方法称为（ ）。

A. 技术分析　B. 基本分析　C. 定性分析　D. 定量分析

7. 基本分析的优点有（ ）。

A. 能够比较全面地把握证券价格的基本走势，应用起来相对简单

B. 同市场接近，考虑问题比较直接

C. 预测的精度较高

D. 获得利益的周期短

8. 心理分析流派所使用判断的本质特征是（ ）。

A. 只具有否定意义　B. 只具有肯定意义

C. 可以肯定，也可以否定　D. 只做假设判断，不做决策判断

9. 一般来说，债券的期限越长，其市场价格变动的可能性就（ ）。

A. 越大　B. 越小　C. 不变　D. 不确定

10. 下列（ ）不属于债券投资价值的外部因素。

A. 基础利率　B. 市场利率　C. 票面利率　D. 市场汇率

11. 贴水出售的债券的到期收益率与该债券的票面利率之间的关系是（ ）。

A. 到期收益率等于票面利率　B. 到期收益率大于票面利率

C. 到期收益率小于票面利率　　D. 无法比较

12. 有如下两种国债:债券A的期限为10年,息票率为8%;债券B的期限为10年,息票率为5%。上述两种债券的面值相同,均在每年年末支付利息。从理论上说,当利率发生变化时,下列(　　)是正确的。

A. 债券B的价格变化幅度等于债券A的价格变化幅度

B. 债券B的价格变化幅度小于债券A的价格变化幅度

C. 债券B的价格变化幅度大于债券A的价格变化幅度

D. 无法比较

13. 下列(　　)不是债券基本价值评估的假设条件。

A. 各种债券的名义支付金额都是确定的

B. 各种债券的实际支付金额都是确定的

C. 市场利率可以精确地预测出来

D. 通货膨胀的幅度可以精确地预测出来

14. 一张债券的票面价值为100元,票面利率为10%,不计复利,期限为5年,到期一次还本付息,目前市场上的必要收益率为8%。按复利计算,这张债券的价格为(　　)元。

A. 100　　B. 93.18　　C. 107.14　　D. 102.09

四、多项选择题

1. 主要的投资分析流派有(　　)。

A. 基本分析流派　　B. 技术分析流派

C. 市场分析流派　　D. 心理分析流派

E. 学术分析流派

2. 投资证券的预期收益率与风险之间的关系是(　　)。

A. 正向互动关系　　B. 反向互动关系

C. 预期收益率越高,承担的风险越大

D. 预期收益率越低,承担的风险越大

E. 证券的风险—收益率特性会随着各种相关因素的变化而变化

3. 基本分析流派的理论假设是(　　)。

A. 市场包含一切信息　　B. 股票的价值决定价格

C. 股票的价格围绕价值波动

D. 任何金融资产的内在价值等于这项资产所有者的所有预期收益流量的现值

E. 市场是弱有效的

4. 基本分析的内容有(　　)。

A. 宏观经济分析 B. 行业分析 C. 区域分析 D. 公司分析
E. 行情数据分析

5. 公司分析的侧重点主要包括(　　)。
A. 公司竞争能力分析 B. 公司盈利能力分析
C. 公司经营管理能力分析 D. 发展潜力和潜在风险分析
E. 财务状况和经营业绩分析

6. 关于弱式有效市场的描述中,正确的是(　　)。
A. 证券价格完全反映了包括它本身在内的过去历史的证券价格资料
B. 技术分析失效
C. 投资者不可能战胜市场
D. 如果不运用进一步的价格序列以外的信息,明天价格最好的预测值是今天的价格
E. 内幕信息无助于改善投资绩效

7. 下列(　　)属于技术分析理论。
A. K线理论 B. 切线理论 C. 形态理论 D. 市场理论
E. 波动理论

8. 影响债券投资价值的外部因素有(　　)。
A. 税收待遇 B. 基础利率 C. 票面利率 D. 市场利率
E. 市场汇率

9. 债券的收益率曲线有(　　)。
A. 正常的 B. 相反的 C. 水平的 D. 拱形的
E. 波浪形的

10. 影响股票投资价值的外部因素有(　　)。
A. 投资者对股票价格走势的预期
B. 公司净资产 C. 货币政策
D. 经济周期 E. 公司每股收益

11. 下列关于公司股份分割的说法,正确的有(　　)。
A. 股本增加 B. 净资产增加
C. 投资者持股占总股本的比例不变
D. 每股利润下降,投资者得到的股利总额减少
E. 每股净资产减少

12. 封闭式基金的价格可以分为(　　)。
A. 发行价格 B. 申购价格 C. 交易价格 D. 赎回价格
E. 成交价格

13. 宏观经济分析的意义是(　　)。

A. 把握证券市场的总体变动趋势

B. 判断整个证券市场的投资价值

C. 为投资组合提供指导

D. 掌握宏观经济政策对证券市场的影响力度和方向

E. 为决策部门服务

14. GDP 有以下几种变动情况:(　　)。

A. 持续、稳定、高速的 GDP 增长　　B. 高通胀下的 GDP 增长

C. 宏观调控下的 GDP 减速增长　　D. 波动形的 GDP 调整

E. 转折性的 GDP 变动

15. 财政政策的手段主要包括(　　)。

A. 国家预算　　B. 税收　　C. 国债　　D. 财政补贴

E. 转移支付

16. 利率水平的变化会影响人们的行为有(　　)。

A. 储蓄　　B. 就业　　C. 投资　　D. 消费

E. 预期

17. 一国汇率会因该国的(　　)等的变化而波动。

A. 国际收支状况　　B. 通货膨胀率

C. 就业率　　D. 利率

E. 经济增长率

18. 财政政策的种类大致可以分为(　　)。

A. 扩张性　　B. 紧缩性　　C. 中性　　D. 弹性

E. 偏松

19. 中央银行进行间接信用指导的具体手段包括(　　)。

A. 规定利率限额与信用配额　　B. 信用条件限制

C. 道义劝告　　D. 窗口指导

E. 直接干预

20. 下列关于中央银行执行货币政策的描述中,正确的有(　　)。

A. 当中央银行采取紧的货币政策时,股价将下跌

B. 中央银行提高法定存款准备金率,货币供应量将减少

C. 中央银行提高再贴现率,货币供应量将增加

D. 中央银行在公开市场上买入有价证券,证券价格将下跌

E. 中央银行执行松的货币政策,通常会使证券市场价格上涨

21. 货币政策的调控作用表现在(　　)。

A. 通过调控货币供应总量保持社会总供给与总需求的平衡

B. 通过调控利率和货币总量控制通货膨胀,保持物价总水平的稳定

C. 通过货币政策来改变经济运行趋势

D. 调节国民收入中消费与储蓄的比例

E. 引导储蓄向投资转化并实现资源的合理配置

22. 在通货膨胀之初,其引起的(　　)可能刺激股价上升。

A. 财富效应　B. 税收效应　C. 负债效应　D. 存货效应

E. 波纹效应

23. 国际金融市场剧烈动荡对我国证券市场的影响主要通过下列哪些途径:(　　)。

A. 通过资本市场资金流动影响我国证券市场

B. 通过人民币汇率预期影响证券市场

C. 通过外汇市场影响证券市场

D. 通过对居民的心理影响间接影响证券市场

E. 通过宏观面和政策面间接影响证券市场

24. 在股票市场需求的决定因素中,政策因素包括(　　)。

A. 市场准入　B. 利率变动状况

C. 银证合作前景　D. 资本市场的逐步开放

E. 证券公司的增资扩股及融资渠道的拓宽

25. 下列(　　)属于上证分类指数。

A. 工业类指数　B. 农业类指数

C. 商业类指数　D. 金融类指数

E. 其他类指数

五、计算分析题

1. 某公司拟于20×1年2月1日发行面额为1 000元的债券,其票面利率为8%,每年2月1日计算并支付一次利息,并于5年后的1月31日到期。同等风险投资的必要报酬率为10%。

[**要求**]　计算该债券的价值。

2. 某一两年期债券,每半年付息一次,票面利率为8%,面值为1 000元,假设必要报酬率为8%。

[**要求**]　计算该债券的价值。

3. 某一纯贴现债券,面值为1 000元,20年期,假设必要报酬率为10%。

［**要求**］ 计算该债券的价值。

4. 有一债券面值为1 000元，票面利率为8%，每半年支付一次利息，5年到期。假设必要报酬率为10%。

［**要求**］ 计算该债券目前的市场价格。

5. 某一优先股，承诺每年支付优先股息40元，假设必要报酬率为10。

［**要求**］ 计算该债券的价值。

6. 某公司20×1年2月1日用1 105元购买了一张面额为1 000元的债券，其票面利率为8%，每年2月1日计算并支付一次利息，并于5年后的1月31日到期。该公司持有该债券至到期日。

［**要求**］ 计算该债券的到期收益率。

7. 某公司报酬率为16%，年增长率为12%，最近一年股利为2元/股，预计下一年股利为2.24元。

［**要求**］ 计算该股票当前的内在价值。

8. 一个投资者持有某公司的股票，他的投资最低报酬率为15%。预计该公司未来3年股利将高速增长，增长率为20%。在此以后转为正常增长，增长率为12%。公司最近支付的股利为2元。

［**要求**］ 计算该公司股票的内在价值。

9. 某股票的价格为20元，预计下一期的股利为1元，该股利将以大约10%的速度持续增长。

［**要求**］ 计算该股票的期望报酬率和1年后的股价。

六、简答题

1. 系统性风险包括哪些风险形式？
2. 简述股票的特征。
3. 优先股的优先权表现在哪些方面？
4. 简述基金投资与股票及债券投资的区别。
5. 简述金融衍生工具的主要类别。

第七章

营运资金管理

一、名词解释

1. 营运资金　　2. 应收账款　　3. 信用标准　　4. 信用条件
5. 收账政策　　6. 存货　　7. 缺货成本　　8. 经济批量
9. ABC 控制法　　10. JIT 系统

二、判断题

1. 营运资金有广义和狭义之分，狭义的营运资金又称净营运资金，是指流动资产减流动负债后的余额。（　　）

2. 现金是流动资产中流动性最强的资产，主要包括银行存款、库存现金和短期贷款。（　　）

3. 拥有大量现金的企业具有较强的偿债能力和承担风险的能力，因此，企业、单位应该尽量多地拥有现金。（　　）

4. 如果一个企业的流动资产比较多，流动负债比较少，说明短期偿债能力较弱。（　　）

5. 营运资金周转一次所需的时间较短，通常会在 1 年或 1 个营业周期之内收回。（　　）

6. 在资产总额和筹资组合都保持不变的情况下，如果固定资产减少而流动资产增加，就会减少企业的风险，但也会减少企业盈利。（　　）

7. 在资金总额不变的情况下，如果流动负债的水准保持不变，流动资产的增加会使流动比率下降，从而增加企业的财务风险。（　　）

8. 企业要千方百计地加速存货、应收账款等流动资产的周转，以便用有限的资金取得最优的经济效益。（　　）

9. 企业的流动比率越高越好，因此，应该尽量使流动资产较多，流动负债较少。（　　）

10. 一般来说，企业所用资金的到期日越短，其不能偿付本金和利息的风险越大；反之，资金到期日越长，企业的筹资风险越小。（　　）

11. 短期资金的风险比长期资金小，而长期资金的成本比短期资金要高。（　　）

12. 企业持有现金的动机主要是为了满足交易性需要和预防性需要。（　　）

13. 现金管理的目的是在保证企业经营活动所需现金的同时，尽量减少企业闲置的现金数量，提高资金收益率。（　　）

14. 当企业实际的现金余额与最佳的现金余额不一致时，可采用短期融资策略或投资于有价证券等策略来达到理想状况。（　　）

15. 对于现金余额，不能只考虑风险，也不能只考虑报酬，必须将风险与报酬相互权衡，一起考虑。（　　）

16. 现金周转期就是存货周转期与应收账款周转期之和。（　　）

17. 企业拥有现金所发生的机会成本与现金持有量呈正比例变动。（　　）

18. 在成本分析模式下，现金机会成本、管理成本和短缺成本合计最低的持有量就是最佳现金持有量。（　　）

19. 企业拥有现金所发生的管理成本是一种固定成本，与现金持有量之间无明显的比例关系。（　　）

20. 在存货模式下，能够使现金的机会成本与固定性转换成本之和保持最低的现金持有量，即为最佳现金持有量。（　　）

21. 企业加速收款的任务不仅是要尽量使顾客早付款，而且要尽快地使这些付款转化为可用现金。（　　）

22. 赊销是扩大销售的有力手段之一，企业应尽可能放宽信用条件，增加赊销量。

（　　）

23. 银行业务集中法是指通过设立多个策略性的收款中心来代替通常在公司总部设立的单一收款中心，以加速账款回收的一种方法。（　　）

24. 应收账款管理的基本目标，就是尽量减少应收账款的数量，降低应收账款投资的成本。（　　）

25. 企业对客户拖欠的应收账款，应该采用各种方式进行催收，收账政策越严，越能及早收回货款，对企业越有利。（　　）

26. 要制定最优的信用政策，应把信用标准、信用条件、收账政策结合起来，考虑其综合变化对销售额、应收账款机会成本、坏账成本和收账成本的影响。（　　）

27. 存货经济批量是指能够使一定时期存货的相关总成本达到最低点的进货数量。

（　　）

28. 存货的ABC控制法中,A类存货的特点是品种数量繁多,但价值金额却很小,应该按品种重点管理。 ( )

三、单项选择题

1. 流动资产是指可以在( )年以内或超过1年的一个营业周期内变现或运用的资产。

A. 1　　B. 2　　C. 3　　D. 半

2. 下列属于流动资产特点的是( )。

A. 占用时间长、周转快、易变现　　B. 占用时间短、周转慢、易变现

C. 占用时间短、周转快、易变现　　D. 占用时间长、周转快、不易变现

3. 在资产总额和筹资组合保持不变的情况下,如果固定资产增加,流动资产减少,而企业的风险和盈利( )。

A. 不变　　B. 增加

C. 一个增加,另一个减少　　D. 不确定

4. 下列关于现金的说法中,不正确的是( )。

A. 现金是指可以用来购买物品、支付各项费用或用来偿还债务的交换媒介或支付手段

B. 现金主要包括库存现金和银行活期及定期存款

C. 现金是流动资产中流动性最强的资产,可直接支用,也可立即投入流通

D. 现金拥有较多的企业具有较强的偿债能力和承担风险的能力

5. 下列关于短期资金和长期资金的有关说法中,正确的是( )。

A. 一般短期资金的风险比长期资金要小

B. 公司采用无到期日的普通股来融资,风险较小

C. 长期资金的利息率高,所以在利息成本方面具有较大的不确定性

D. 长期资金的成本比短期资金要低

6. 在最佳现金持有量确定的存货模式下,企业持有的现金数量越少,则( )。

A. 机会成本越高,转换成本越高　　B. 机会成本越低,转换成本越高

C. 机会成本越低,转换成本越低　　D. 机会成本越高,转换成本越低

7. 持有过量现金可能导致的不利后果是( )。

A. 财务风险加大　　B. 收益水平下降

C. 偿债能力下降　　D. 资产流动性下降

8. 采用随机模式控制现金持有量,计算现金返回线R的各项参数中不包括( )。

A. 每次现金与有价证券转换时发生的固定转换成本

B. 现金存量的上限

C. 有价证券的日利息率

D. 预期每日现金余额变化的标准差

9. 某企业预计每月现金需要量为 300 000 元，每次转换有价证券的固定成本为 100 元，有价证券的月利率为 1%，则根据存货模式，每月有价证券的最佳交易次数为(　　)次。

A. 3.87　　B. 3.32　　C. 4.43　　D. 4.03

10. 某企业每次转换有价证券的固定成本为 100 元，有价证券的年利率为 9%，每日现金余额变化的标准差为 900 元，现金余额下限为 2 000 元。若 1 年以 360 天计算，该企业的现金余额上限为(　　)元。

A. 20 100　　B. 20 720　　C. 19 840　　D. 35 640

11. 在确定最佳现金持有量时，成本分析模式和存货模式均需考虑的因素是(　　)。

A. 机会成本　　B. 转换成本　　C. 短缺成本　　D. 管理成本

12. 甲公司采用存货模式确定最佳现金持有量。如果在其他条件保持不变的情况下，资本市场的投资回报率从 4%上涨为 16%，那么企业在现金管理方面应采取的对策是(　　)。

A. 将最佳现金持有量提高 29.29%　　B. 将最佳现金持有量降低 29.29%

C. 将最佳现金持有量提高 50%　　D. 将最佳现金持有量降低 50%

13. 在采用 5C 评估法进行信用评估时，最重要的因素是(　　)。

A. 信用品质　　B. 能力　　C. 资本　　D. 抵押品

14. 存货经济批量是指(　　)。

A. 采购成本最低的采购批量　　B. 订货成本最低的采购批量

C. 储存成本最低的采购批量　　D. 存货总成本最低的采购批量

15. 下列对信用期限的描述中，正确的是(　　)。

A. 缩短信用期限，有利于销售收入的扩大

B. 信用期限越短，企业坏账风险越大

C. 信用期限越长，表明客户享受的信用条件越优越

D. 信用期限越短，应收账款的机会成本越高

16. 信用的“5C”评估法中的“能力”是指(　　)。

A. 客户愿意履行其付款义务的可能性

B. 客户可能偿还债务的能力

C. 客户的经济实力与财务状况的优劣

D. 客户能否为获取商业信用提供担保资产

17. 下列各项中,属于应收账款机会成本的是(　　)。

A. 坏账损失　　B. 收账费用

C. 对客户信用进行调查的费用　　D. 应收账款占用资金的应计利息

18. 信用条件"1/10,n/30"表示(　　)。

A. 信用期限为 10 天,折扣期限为 30 天

B. 如果在开票后 10～30 天内付款,可享受 10%的折扣

C. 信用期限为 30 天,现金折扣为 10%

D. 如果在 10 天内付款,可享受 1%的现金折扣,否则应在 30 天内全额付款

19. 下列关于信用标准的说法,不正确的是(　　)。

A. 信用标准是企业同意向顾客提供商业信用而提出的基本要求

B. 信用标准主要是规定企业只能对信誉很好、坏账损失率很低的顾客给予赊销

C. 如果企业的信用标准较严,则会减少坏账损失,减少应收账款的机会成本

D. 如果信用标准较宽,虽然会增加销售,但会相应增加坏账损失和应收账款的机会成本

20. 在对存货采用 ABC 法进行控制时,应当重点控制的是(　　)。

A. 数量较大的存货　　B. 占用资金较多的存货

C. 品种多的存货　　D. 价格昂贵的存货

21. 当预期利率上升、有价证券的价格将要下跌时,投机的动机就会鼓励企业(　　)。

A. 将现金投资于有价证券

B. 暂时持有现金,直到利率停止上升为止

C. 将现金投资于短期证券

D. 将现金投资于长期证券

22. 下列各项中,不属于存货储存成本的是(　　)。

A. 存货的仓储费　　B. 存货的运输费

C. 存货的保险费

D. 存货占用资金的应计利息(或机会成本)

23. 建立存货的合理保险储备的目的是(　　)。

A. 在存货单价上涨时保证供应

B. 使存货的缺货成本和储存成本之和最小

C. 在过量耗用存货时保证供应

D. 降低存货的储存成本

24. 关于现金管理的目的,下列说法不正确的是(　　)。

A. 现金管理的目的,是尽量节约使用资金,并从暂时闲置的现金中获得最多的利息收入

B. 现金管理应使企业的现金非常充足,不出现短缺的情况

C. 现金管理应做到保证企业交易所需的资金

D. 现金管理应不使企业有过多的闲置现金

25. 应收账款的功能是(　　)。

A. 增强竞争力,减少损失　　B. 向顾客提供商业信用

C. 加强流动资金的周转　　D. 增加销售,减少存货

26. 以下各项与存货有关的成本费用中,不影响经济进货批量的是(　　)。

A. 专设采购机构的基本开支　　B. 采购员的差旅费

C. 存货占用资金的应计利息　　D. 存货的保险费

27. 企业评价客户等级,决定给予或拒绝客户信用的依据是(　　)。

A. 信用标准　　B. 收账政策　　C. 信用条件　　D. 信用政策

28. 某企业现金收支状况比较稳定,全年的现金需要量为 200 000 元 每次转换有价证券的交易成本为 400 元,有价证券的年利率为 10%。达到最佳现金持有量的全年交易成本为(　　)元。

A. 1 000　　B. 2 000　　C. 3 000　　D. 4 000

29. 某企业预测的年度赊销收入净额为 600 万元,应收账款平均收账期为 30 天,变动成本率为 60%,资本成本率为 10%,则应收账款的机会成本为(　　)万元。

A. 10　　B. 6　　C. 3　　D. 2

30. 某企业全年需用 A 材料 2 400 吨,每次的订货成本为 400 元,每吨材料年储备成本 12 元,则每年最佳订货次数为(　　)次。

A. 12　　B. 6　　C. 3　　D. 4

四、多项选择题

1. 营运资金的特点有(　　)。

A. 营运资金的来源较固定,比较有保证

B. 营运资金的数量具有波动性

C. 营运资金的实物形态具有易变现性

D. 营运资金的周转具有短期性

E. 营运资金的实物形态具有变动性

2. 下列关于营运资金的说法,正确的是(　　)。

A. 营运资金是企业占用在流动资产上的资金

B. 营运资金就是毛营运资金，是指企业流动资产的总额

C. 营运资金有广义和狭义之分

D. 狭义的营运资金是指流动资产减流动负债后的余额

E. 营运资金的管理既包括流动资产的管理，又包括流动负债的管理

3. 企业进行营运资金管理，应该遵循的原则有（ ）。

A. 认真分析生产经营状况，合理确定营运资金的需要数量

B. 在保证生产经营需要的前提下，节约使用资金

C. 企业应准确确认流动资产和流动负债的数量，以正确确认营运资金的数量

D. 加速营运资金周转，提高资金的利用效果

E. 合理安排流动资产与流动负债的比例关系，保证企业有足够的短期偿债能力

4. 下列关于企业资产组合的说法，正确的是（ ）。

A. 持有大量流动资产可以降低风险

B. 流动资产持有太多，会降低企业的投资报酬率

C. 持有大量固定资产可以降低风险

D. 固定资产持有太多，会降低企业的投资报酬率

E. 风险大的企业资产组合，可能的投资报酬率也较大；风险小的企业资产组合，可能的投资报酬率也较小

5. 不同的资产组合对企业报酬和风险的影响主要有（ ）。

A. 较多地投资于流动资产可以降低企业的风险，但会减少企业的盈利

B. 流动资产投资过多，而固定资产又相对不足，会使企业生产能力减少

C. 如果企业的固定资产增加，会造成企业的风险增加，盈利减少

D. 如果企业的固定资产减少，会造成企业的风险增加，盈利减少

E. 企业采用比较冒险的资产组合，会使企业的投资报酬率上升

6. 提供比较优惠的信用条件，可以增加销售量，但也会付出一定的代价，主要有（ ）。

A. 应收账款机会成本　　B. 坏账损失

C. 收账费用　　D. 现金折扣成本

E. 顾客信用调查费用

7. 对信用标准进行定量分析，旨在解决（ ）。

A. 确定客户拒付账款的风险 即坏账损失率

B. 具体确定客户的信用等级

C. 信用期间的确定

D. 现金折扣期和折扣率的确定

8. 评估顾客信用的5C评估法中的“5C”包括(　　)。

A. 信用品质　　B. 偿付能力　　C. 利润　　D. 资本

E. 条件

9. 预防动机所需现金的多少取决于(　　)。

A. 利率和有价证券价格水平　　B. 现金收支预测的可靠程度

C. 企业日常支付的需要　　D. 企业临时借款能力

E. 企业愿意承担的风险程度

10. 关于现金,下列说法正确的是(　　)。

A. 因为库存现金没有收益,所以应该尽量减少现金的持有量

B. 现金结余过多,会降低企业的成本

C. 当现金短缺时,应该采用短期融资战略

D. 现金太少,可能会出现现金短缺,影响生产经营活动

E. 在现金余额问题上,也存在风险与报酬的权衡问题,因此应该找出最佳现金余额

11. 关于最佳现金余额,下列说法正确的是(　　)。

A. 确定最佳现金余额的方法有成本分析模式、存货模式和随机模式等多种方法

B. 现金余额总成本包括现金机会成本、管理成本和转换成本三个方面

C. 如果现金余额大,则持有现金的机会成本高,但转换成本可减少

D. 在存货模式中,现金机会成本和转换成本的合计最低条件下的现金余额即为最佳现金余额

E. 随机模式是在现金需求量难以预知的情况下进行现金持有量控制的方法

12. 对于企业设立集中银行的利弊,下列说法正确的是(　　)。

A. 设立集中银行可以使账单和货款邮寄的时间大大缩短

B. 设立集中银行可以缩短支票兑现的时间

C. 开设的收款中心越多,对企业就越有利

D. 设立收款中心需要一定的人力和物力,花费较多

E. 设立集中银行可能使企业增加大量闲置不用的资金

13. 关于邮政信箱法利弊的说法,正确的是(　　)。

A. 大大地缩短了公司办理收款、存储手续的时间

B. 使公司从收到支票到这些支票完全存入银行之间的时间距离消除了

C. 有利于节约费用支出,如果平均汇款数额较小,则更加有利

D. 费用支出与存入支票张数成一定比例

E. 是否使用锁箱系统方法要看节约资金带来的收益与额外支出的费用孰大孰小

14. 在西方财务管理中,控制现金支出的方法有(　　)。

A. 合理运用“浮游”量,以节约资金

B. 控制支出的时间,以最大限度地利用现金而又不丧失现金折扣

C. 建立严格的现金支出审核制度

D. 削减企业的现金支出额

E. 做好银行存款的管理,适当进行证券投资

15. 应收账款的管理成本主要包括(　　)。

A. 调查顾客信用情况的费用　　B. 收集各种信息的费用

C. 账簿的记录费用　　D. 应收账款的坏账损失

E. 收账费用

16. 为了评价两个可选择的信用标准孰优孰劣,必须计算两个方案各自带来的利润和成本,为此应测试的项目有(　　)。

A. 信用条件的变化情况　　B. 销售量变化对利润销售的影响

C. 应收账款机会成本的变化　　D. 坏账成本的变化

E. 管理成本的变化

17. 信用条件是指企业要求顾客支付赊销款项的条件,包括(　　)。

A. 信用期限　　B. 现金折扣　　C. 折扣期限　　D. 信用标准

E. 坏账成本

18. 现金折扣是在顾客提前付款时给予的优惠,“2/10,n/30”的含义是(　　)。

A. 如果在发票开出 10 天内付款,可以享受 2%的折扣

B. 如果在发票开出 10 天内付款,可以享受 20%的折扣

C. 如果不想取得折扣,这笔货款必须在 30 天内付清

D. 如果不想取得折扣,这笔货款必须在 20 天内付清

E. 如果不想取得折扣,这笔货款必须在 20 天内付清,且利率另议

19. 下列各项中,与企业储备存货有关的成本包括(　　)。

A. 购置成本　　B. 订货成本　　C. 管理成本　　D. 储存成本

E. 缺货成本

20. 在确定经济订货量时,下列表述中正确的有(　　)。

A. 随每次进货批量的变动,变动性订货成本和变动性储存成本呈反方向变化

B. 变动性储存成本的高低与每次进货批量成正比

C. 变动性订货成本的高低与每次进货批量成反比

D. 年变动储存成本与年变动订货成本相等时的采购批量,即为基本模式下的经济订货量

21. 下列(　　)属于存货的储存变动成本。

A. 存货占用资金的应计利息　　B. 紧急额外购入成本
C. 存货的破损变质损失　　D. 存货的保险费
E. 存货的仓储费

22. 缺货成本是因存货不足而给企业造成的损失，包括(　　)。
A. 商誉(信誉)损失　　B. 延期交货的罚金
C. 采取临时措施增加的费用　　D. 停工待料损失

23. 关于最佳现金持有量的成本分析模式和存货模式的说法，正确的有(　　)。
A. 管理成本均属于无关成本　　B. 机会成本均属于相关成本
C. 转换成本均属于相关成本　　D. 短缺成本均属于相关成本

五、计算分析题

1. 某企业预计全年需要现金 80 000 元，现金与有价证券的转换成本为每次 400 元，有价证券的利息率为 25%。

[**要求**]　计算该企业的最佳现金持有量和变现次数以及最低现金相关总成本。

2. 宏光公司预测年度赊销收入净额为 2 400 万元，其信用条件是 $n/30$，变动成本率为 65%，资金成本率(或有价证券利息率)为 15%。该企业准备了两个信用条件的备选方案：A. 维持 $n/30$ 的信用条件；B. 将信用条件放宽到 $n/45$。

各种备选方案估计的赊销水平、管理成本和坏账百分比等有关数据见下表：

项　目	A 方案	B 方案
年赊销收入净额(万元)	24 000	3 200
收账费用(万元)	10	20
坏账损失/年赊销额(万元)	1%	1.5%

[**要求**]　根据提供的资料，选择信用条件方案。

3. 某企业生产甲产品，预计 2009 年销售收入为 600 万元，变动成本率为 70%。目前给客户提供的信用条件是“3/10，1/30，$n/60$”。采用这一信用条件后，估计有 50% 的客户将利用 3% 的折扣，35% 的客户将利用 1% 的折扣，15% 的客户将选择最后一天付款。坏账损失率为年赊销额的 1.5%，收账费用为 5 万元。假设销售收入全部为赊销收入，其资金成本为 12%。

[**要求**]　根据上述资料，计算并填列下表各项指标：

项　目	3/10,1/30,n/60
年赊销额	600 万元
减:现金折扣	
年赊销净额	
减:变动成本	
边际贡献	
应收账款平均收现期	
减:应收账款机会成本	
坏账损失	
收账费用	5 万元
净收益	

4. 东方公司目前只对预计坏账损失率在 8%以下的客户赊销，企业拟改变信用标准。

方案 A:如果只对预计坏账损失率 5%以下的客户赊销，将会使销售收入减少60 000元，平均收现期为 45 天，管理成本将减少 500 元，减少销售额的预计坏账损失率为 8%。

方案 B:如果对预计坏账损失率 12%以下的客户赊销，将会使销售收入增加150 000元，平均收现期为 60 天，管理成本将增加 800 元，增加销售额的预计坏账损失率为 15%。

企业销售利润率为 20%，变动成本率为 60%，同期有价证券利息率为 15%。

[要求]　通过计算判断企业是否应该改变信用标准？如改变信用标准，应采用哪个方案？

5. 某企业每年需要耗用 A 材料 36 000 吨，该材料购入价格为每吨 3 000 元，每订购一次的成本为 300 元，材料在仓库中的每吨储存成本为 60 元，假设保险储量为零。

[要求]

(1)填写下表各项：

项目 / 每次订货量(Q)	平均储存量(吨)	储存成本(元)	订货次数(次)	订货成本(元)	相关总成本(元)
400(吨)					
1 200(吨)					

(2)每次购入 A 材料多少吨，可使全年与进货批量相关的总成本达到最低？此时相关的总成本是多少？其中变动性订货成本和变动性储存成本分别是多少？

6. 某企业每年需要耗用A材料27 000吨，该材料购入价格为每吨3 000元，每次订购成本为600元，材料在仓库中的每吨储存成本为90元，假设保险储量为零。

[要求]

(1)计算基本模式下A材料的经济批量；

(2)计算此时相关的总成本；

(3)计算最佳订货次数；

(4)计算最佳订货周期；

(5)计算经济批量的占用资金额。

六、简答题

1. 简述营运资金管理的基本原则。
2. 企业持有现金的动机是什么？
3. 企业持有现金的成本通常由哪几部分组成？
4. 为了提高现金使用效率，应如何进行现金日常管理？
5. 企业应收账款的成本通常由哪几部分组成？
6. 企业的信用政策主要包括哪些内容？
7. 什么是判断客户信用等级的“5C”系统？
8. 存货成本主要由哪几部分组成？
9. 简述存货的ABC控制法。

第八章

利润及利润分配管理

一、名词解释

1. 营业收入 2. 主营业务收入 3. 其他业务收入
4. 利润 5. 营业利润 6. 营业外收入
7. 营业外支出 8. 净利润 9. 息税前利润
10. 税前利润 11. 盈余公积金 12. 剩余股利政策
13. 股票分割 14. 股票回购 15. 股利无关论(MM 理论)
16. 股利相关论 17. 股利宣告日 18. 股权登记日
19. 除息日 20. 股利支付日

二、判断题

1. 营业收入是指企业在销售商品、提供劳务及让渡资产使用权等活动中形成的、会导致所有者权益增加的、与所有者投入资本无关的经济利益总流入。 ( )

2. 收入有可能增加企业的所有者权益。 ( )

3. 企业为第三者或者客户代收款项,一方面增加企业的资产,另一方面增加企业的负债,同时增加企业的所有者权益,所以构成企业的营业收入。 ( )

4. 在实际工作中,企业的主营业务收入与其他业务收入的划分都是固定不变的。 ( )

5. 利得通常是指不经过经营过程就能取得,或属于企业不曾期望获得的收益。 ( )

6. 出售固定资产或转让无形资产并取得的收益也是企业的营业收入。 ( )

7. 营业收入一定会导致企业所有者权益的增加。 ( )

8. 利润是企业在一定会计期间生产经营活动后所取得的全部收入抵补全部支出后的余额,是指企业在一定会计期间实现的经营成果。 ( )

9. 营业收入就是企业经营主要业务所确认的收入总额。（　）

10. 营业税金及附加是企业经营业务应负担的消费税、营业税、增值税、城市维护建设税、资源税、土地增值税和教育费附加等。（　）

11. 公允价值变动收益是企业应当计入当期损益的资产或负债的公允价值的变动收益。（　）

12. 息税前利润是指企业支付利息和缴纳所得税之前的利润。（　）

13. 税前利润是指企业的税前利润扣除利息费用后的余额，是企业所得税的计税依据。（　）

14. 企业发生亏损一定是由于企业经营管理不善所造成的。（　）

15. 企业经营中发生的亏损都可以用下一年度的税前利润弥补。（　）

16. 盈余公积金是企业按规定从净利润中计提的、用于增强企业自我发展和承受风险能力的资金。（　）

17. 盈余公积金是企业指定了专门用途的留存收益。（　）

18. 不论企业的组织形式如何，法定公积金一律按净利润的10%提取。（　）

19. 企业计提多少任意盈余公积金对大小股东的影响是一致的。（　）

20. 企业的盈余公积金用于增加注册资本后，法定盈余公积金的比例一般不能低于企业注册资本的25%。（　）

21. 企业的注册资本和盈余公积金在权属上是一致的，都是企业的所有者权益，所以在用途上是没有差别的。（　）

22. 经股东大会同意，企业的注册资本可以用于弥补亏损，也可以用于向投资者分红。（　）

23. 根据“无利不分”的原则，当企业出现年度亏损时，一般不得分配利润。（　）

24. 企业的净利润归投资者所有，这是企业的基本制度，也是企业所有者投资于企业的根本动力所在。（　）

25. 企业只要当年亏损，就不能向股东派发股利。（　）

26. 只要持有某公司的股票，股东就有权领取当年的利润。（　）

27. 企业进行利润分配必须严格按照规定的顺序依次进行，凡是上一项内容未分配完成，不得进行下项内容的分配。（　）

28. 资本公积金和盈余公积金属于企业的经营积累。（　）

29. 企业用于发放的股利只能是来源于企业的当期利润或留存利润。（　）

30. 发放股票股利，不会对企业股东权益总额产生影响，但会发生资金在各股东权益项目间的再分配。（　）

31. 对于盈利不稳定的企业来说，采用低股利政策可以减少财务风险。（　）

32. 如果公司未来有着良好的投资机会，并预见到未来的金融市场利率具有上升的趋势，那么应尽量少发放现金股利。（ ）

33. 如果企业的资产流动性较差，即使收益可观，也不宜分配过多的现金股利。（ ）

34. 一般来说，公司喜欢剩余股利政策，但股东不愿接受。（ ）

35. 如果企业发生由于国家政策原因导致的亏损，企业可以向国家申请政策性亏损补贴。（ ）

36. 从理论上说，债权人不得干预企业的资金投向和股利分配政策。（ ）

37. 股票股利对股东和公司都有特殊的意义，因为其既直接增加股东的财富，也增加了公司的价值。（ ）

38. 企业的注册资本不能用于弥补亏损和向投资者分红。（ ）

39. 股利无关论认为投资者不关心公司的股利分配，因此，股利支付比率不影响公司的价值。（ ）

40. 在高通货膨胀时期，企业倾向于采取偏紧的股利政策。（ ）

41. 现金股利支付比率的高低与资产的流动性成反比。（ ）

42. 在固定股利支付率政策下，各年的股利额是相同的。（ ）

43. 除息日前股利权从属于股票；从除息日开始，股利权与股利相分离。（ ）

44. 如果把将来较高的资本收益和较高的股利比喻为“双鸟在林”，把现在就支付的较高股利比喻为“一鸟在手”，那么，“一鸟在手”不如“双鸟在林”。（ ）

45. 在股利相关论下，投资者对股利和资本利得并无偏好。（ ）

46. 注册资本和盈余公积金在权属上是一致的，都是企业的所有者权益，所以在用途上也是一致的。（ ）

47. 实行剩余股利政策，对于股利支付的多少主要取决于公司的盈利情况和公司再投资的情况，这也是这种政策的主要优点。（ ）

48. 收益比较稳定或正处于成长期、信誉一般的企业，大多采用固定股利政策。（ ）

49. 固定股利支付率政策的主要优点在于股利支付是固定不变的。（ ）

50. 除息日指领取股利的权利与股票相分离的日期。（ ）

51. 采用股票股利的支付方式，即使股东没有获得现金，也须缴纳个人所得税。（ ）

52. 无论何种企业，都必须按净利润的10%计提法定盈余公积金。（ ）

53. 公司持有的其他公司的股票，本公司未发行的股票以及本公司已发行后又回到公司手中已注销的股票，属于库藏股。（ ）

54. 处于成长中的公司一般采取偏低的股利政策，而处于经营收缩阶段的公司则大多采取偏高的股利政策。（ ）

55. 企业的注册资本不能用于弥补亏损，也不能向投资者分红。（　　）

三、单项选择题

1. 企业出售固定资产或转让无形资产并取得的收益，应该作为企业的（　　）。

A. 营业收入　　B. 利得　　C. 经济利益　　D. 营业利润

2. 盈余公积金用于增加注册资本后，法定盈余公积金的比例，一般不能低于企业注册资本的（　　）。

A. 50%　　B. 35%　　C. 25%　　D. 10%

3. 以下属于最常见、也是最容易被投资者接受的股利支付方式为（　　）。

A. 股票股利　　B. 现金股利　　C. 财产股利　　D. 负债股利

4. 下列各项股利分配政策中，能够保持股利与利润之间的一定比例关系，体现风险投资与风险收益的对等关系的是（　　）。

A. 固定股利政策　　B. 固定股利支付率政策

C. 剩余股利政策　　D. 低正常股利加额外股利政策

5. 为保护股东及债权人利益，有关法规对公司股利分配的限制不包括（　　）。

A. 不能用资本公积发放股利

B. 必须按净利润的一定比例提取法定盈余公积金

C. 当年净利润为正时，才能发放股利

D. 保留盈余不能超过法律认可的水平

6. 在盈余一定的条件下，现金股利支付比率越高，资产的流动性（　　）。

A. 越低　　B. 越高

C. 不变　　D. 可能出现前面任何一种情况

7. 法定盈余公积金达到注册资本的（　　）时，可以不再提取。

A. 55%　　B. 50%　　C. 35%　　D. 25%

8. 发放股票股利后，每股市价将（　　）。

A. 上升　　B. 下降

C. 不变　　D. 上升或下降或不变

9. 根据我国财务制度的规定，企业提取的盈余公积金不得用于（　　）。

A. 抵补被没收财物损失　　B. 弥补亏损

C. 支付现金股利　　D. 转增资本

10. 下列各项目，股份有限（责任）公司税后利润分配顺序中优先考虑的是（　　）。

A. 普通股股利　　B. 优先股股利

C. 支付现金股利　　D. 任意盈余公积金

11. 下列各项目，一般企业税后利润分配顺序中优先考虑的是（　　）。

A. 法定盈余公积金　　B. 公益金

C. 优先股股利　　D. 任意盈余公积金

12. 在通货膨胀时期，企业一般采用的收益方式分配政策是（　　）的。

A. 很紧　　B. 很松　　C. 偏紧　　D. 偏松

13. 企业提取法定盈余公积金是在（　　）。

A. 弥补企业以前年度亏损之后　　B. 支付各项税收的滞纳金之后

C. 向投资者分配利润之前　　D. 提取公益金之后

14. 某公司年末可用于分配股利的净利润为 8 000 万元，公司执行剩余股利政策，年计划投资 6 000 万元，公司的目标资本结构中权益资本占 70%，计划应分股利（　　）万元。

A. 6 200　　B. 3 800　　C. 3 600　　D. 400

15.（　　）之后的股票交易，其交易价格可能有所下降。

A. 股利宣告日　　B. 股权登记日　　C. 除息日　　D. 股利支付日

16. 能使股利支付与企业盈利很好地结合，但不利于股票价格稳定的股利政策是（　　）。

A. 剩余股利政策　　B. 固定股利政策

C. 固定股利支付率政策　　D. 低正常股利加额外股利政策

17. 企业当年无利润时，经股东特别决议，可以按不超过股票面值的（　　）用盈余公积金分配股利。

A. 4%　　B. 6%　　C. 30%　　D. 25%

18. 企业用盈余公积金分配股利后，法定盈余公积金不得低于注册资本的（　　）。

A. 10%　　B. 25%　　C. 30%　　D. 35%

19. 纳税人发生的年度亏损，可以用税前利润弥补的最长期限是（　　）年。

A. 3　　B. 5　　C. 6　　D. 7

20. 下列各项目中，（　　）不能用于弥补亏损。

A. 税前利润　　B. 盈余公积金

C. 筹建期间的汇兑损益　　D. 资本公积金

21. 执行剩余股利政策的根本理由在于（　　）。

A. 保持理想的资本结构，使加权资金成本最低

B. 避免出现由于经营不善而削减股利的情况

C. 体现多盈多分、少盈少分、无盈不分的原则

D. 吸引住那些依靠股利度日的股东

22. 一般来说，只有在公司股价（　　）时，才采用股票分割的办法。

A. 涨幅不大　　B. 降幅不大

C. 暴跌且预期难以回升　　D. 剧涨且预期难以下降

23. 非股份制企业投资分红一般采用（　　）方式。

A. 财产　　B. 实物　　C. 现金　　D. 证券

24. 由于提留的任意盈余公积金可以由企业支配，因此，多提任意盈余公积金往往对（　　）有利。

A. 大股东　　B. 小股东　　C. 债权人　　D. 债务人

25. 某企业某年度未分配利润 100 000 元，第二年的投资计划所需资金 120 000 元，企业确定的资本结构中权益资金占 70%，债务资本占 30%，该企业采用剩余股利政策，按照既定的资本结构，企业投资方案所需要的权益资本和当年发放的股利分别为（　　）。

A. 70 000 元和 30 000 元　　B. 30 000 元和 70 000 元

C. 16 000 元和 84 000 元　　D. 84 000 元和 16 000 元

26. 下列股利政策中，有利于稳定股票价格，从而树立公司良好形象，但股利支付与公司盈利相脱节的股利政策是（　　）。

A. 剩余股利政策　　B. 固定股利政策

C. 固定股利支付率政策　　D. 低正常股利加额外股利政策

27. 主要依靠股利维持生活的股东和养老基金管理人员最不赞成的股利政策是（　　）。

A. 剩余股利政策　　B. 固定股利政策

C. 固定股利支付率政策　　D. 低正常股利加额外股利政策

28. 下列不属于某种股利支付方式，但所产生的效果与发放股票股利相同或类似的是（　　）。

A. 股票股利　　B. 股票回购　　C. 股票分割　　D. 股份转让

29. 股利决策涉及许多内容，但最主要的是（　　）。

A. 股利支付的日期　　B. 股利支付的方式

C. 股利支付比率　　D. 现金来源的筹集

30. 制定股利分配政策时，应该考虑的投资者的因素是（　　）。

A. 未来投资机会　　B. 控制权的稀释

C. 资产的流动性　　D. 筹资成本

31. 下列（　　）不属于股利无关论建立的假设条件。

A. 不存在公司或个人所得税

B. 不存在股票发行和交易费用

C. 投资决策和股利决策彼此独立

D. 公司所有资本都是股权资本，不存在负债

32. 下列各项目中，可以用于支付股利的是(　　)。

A. 股本　　B. 实收资本　　C. 原始资本　　D. 上年未分配利润

33. 如果上市公司以其应付票据作为股利支付给股东，则这种股利支付的方式称为(　)。

A. 股票股利　　B. 现金股利　　C. 负债股利　　D. 财产股利

34. 我国上市公司不得用于支付股利的权益资金是(　　)。

A. 资本公积金　　B. 法定盈余公积金

C. 任意盈余公积金　　D. 上年未分配利润

35. 上市公司按照剩余股利政策发放股利的好处是(　　)。

A. 有利于公司树立良好的形象　　B. 有利于公司稳定股票的市场价格

C. 有利于投资者安排收入与支出　　D. 有利于公司合理安排资金结构

36. 某公司现有发行在外的普通股 100 万股，每股面额 1 元，资本公积 300 万元，未分配利润 800 万元，股票市价 15 元；若按 10% 的比例发放股票股利并按面值折算，该公司未分配利润的报表列示将为(　　)万元。

A. 400　　B. 600　　C. 790　　D. 810

37. 某公司现有发行在外的普通股 1 000 万股，每股面值 1 元，资本公积 800 万元，未分配利润 1 000 万元，股票市价 15 元；若按 5% 的比例发放股票股利并按面值折算，该公司资本公积的报表列示将为(　　)万元。

A. 40　　B. 700　　C. 1 550　　D. 1 800

38. 下列各项中，能够增加普通股股票发行在外股数，但不改变公司资本结构的行为是(　　)。

A. 股票回购　　B. 股票分割

C. 支付现金股利　　D. 增发普通股

39. 下列各项中，计算结果等于股利率的是(　　)。

A. 每股收益除以每股股利　　B. 每股股利除以每股收益

C. 每股股利除以每股市价　　D. 每股收益除以每股市价

40. 有权领取本期股利的股东资格登记截止日期是(　　)。

A. 股利宣告日　　B. 股权登记日

C. 除息日　　D. 股利支付日

四、多项选择题

1. 根据财务制度的规定，企业的注册资本不能用于(　　)。

A. 弥补亏损　　B. 合作期间归还投资者的投资

C. 向投资者分配红利　　D. 企业购置设备

2. 下列股利支付方式中，目前在我国公司财务实务中很少使用，但并非法律所禁止的是(　　)。

A. 现金股利　　B. 财产股利　　C. 负债股利　　D. 股票股利

3. 净利润分配政策在一定程度上决定企业的(　　)。

A. 对外筹资的能力　　B. 资金结构的优劣

C. 资本数额的多少　　D. 市场价值的大小

4. 资本保全约束要求企业发放的股利或投资分红只能来源于企业的(　　)。

A. 盈利　　B. 净利润　　C. 当期利润　　D. 留存收益

5. 以下(　　)可以作为采用固定股利政策的理由。

A. 有利于投资者安排收入与支出　　B. 有利于公司树立良好的形象

C. 有利于稳定股票价格　　D. 有利于保持理想的资金结构

6. 下列各项目中，不能用于支付股利的是(　　)。

A. 原始资本　　B. 实收资本

C. 股本　　D. 上年未分配利润

7. 发放股票股利会引起(　　)。

A. 公司资产的流出　　B. 股东权益各项目的比例发生变化

C. 股东权益总额发生变化　　D. 每股利润下降

8. 影响收益分配政策的公司因素包括(　　)。

A. 公司举债能力　　B. 未来投资机会

C. 资产流动状况　　D. 筹资成本

9. 股利分配政策一般包括(　　)。

A. 剩余股利政策　　B. 固定股利政策

C. 增长的股利政策　　D. 固定股利支付率政策

E. 低正常股利加额外股利政策

10. 我国股份制企业股利分派的方式主要包括(　　)。

A. 现金股利　　B. 财产股利　　C. 负债股利　　D. 股票股利

E. 实物股利

11. 在计算应纳税所得额时，(　　)项目不得扣减。

A. 罚金支出　　B. 资本性支出
C. 超标准业务招待费　　D. 管理费用
E. 年度应纳税额 3%以内的公益性捐赠支出

12. 股利决策涉及的内容有(　　)。
A. 股利支付程序的确定　　B. 股利支付比率的确定
C. 股利支付方式的确定　　D. 所需现金的筹集
E. 公司利润分配顺序的确定

13. 发放股票股利对股东的意义主要在于(　　)。
A. 可使股东得到股票价值相对上升的好处
B. 可使股东获得纳税上的好处
C. 可以留存大量现金,便于进行再投资
D. 可以提升股票的每股价值
E. 发放股票股利的费用小于发放现金股利的费用

14. 股票股利和股票分割所产生的相同作用在于(　　)。
A. 股东权益总额不变　　B. 股票市价总额不变
C. 持股比例不变　　D. 股权结构不变
E. 每股收益都降低

15. 盈余公积金可以用于(　　)。
A. 弥补亏损　　B. 转增公司资本
C. 支付股利　　D. 支付集体福利支出
E. 缴纳公司税

16. 股利无关论建立的假设条件是(　　)。
A. 不存在公司或个人所得税
B. 不存在股票发行和交易费用
C. 投资决策和股利决策彼此独立
D. 投资者和经营者的信息是不对称的
E. 公司所有资本都是股权资本,不存在负债

17. 采用低正常股利加额外股利政策的根本理由在于(　　)。
A. 使公司资本结构更加合理　　B. 有理于树立公司的良好形象
C. 使股利支付与盈余相结合　　D. 使公司具有较大的灵活性
E. 使依靠股利度日的股东得到稳定的股利收入

18. 企业在进行利润分配时,一般应遵循的原则有(　　)。
A. 依法分配原则　　B. 利益兼顾原则

C. 及时支付原则　　D. 分配与积累并重原则

19. 在计算企业应缴所得税时，以下不得在税前扣除的项目有(　　)。

A. 被没收财产损失　　B. 滞纳金

C. 支付普通股股利　　D. 支付优先股股利

20. 以下(　　)属于在企业的财务管理活动中，常用的利润的概念。

A. 息税前利润　　B. 税前利润

C. 税后利润　　D. 利润分配

21. 营业税金及附加是企业经营业务应负担的(　　)和教育费附加等。

A. 增值税　　B. 消费税

C. 营业税　　D. 城市维护建设税

E. 资源税

22. 以下有关表述中，正确的有(　　)。

A. 在股权登记日之前持有或买入股票的股东才有资格领取本期股利，在当天买入股票的股东没有资格领取本期股利

B. 在除息日之前，股利权从属于股票

C. 从除息日开始，新买入股票的人不能分享本次已宣告发放的股利

D. 自除息日起的股票价格中不包含本次派发的股利

23. 从公司的角度来看，制约股利分配的因素有(　　)。

A. 举债能力的强弱　　B. 盈余的变化

C. 控制权的稀释　　D. 潜在的投资机会

24. 股票股利和股票分割均会使(　　)。

A. 股价下降　　B. 股东权益总额减少

C. 普通股股数增加　　D. 每股收益下降

25. 下列(　　)方式可能会改变企业资本结构。

A. 现金股利　　B. 股票股利　　C. 股票回购　　D. 股票分割

五、计算分析题

1. 某公司长期以来采用固定股利政策进行股利分配，目前流通在外普通股股数为400万股。2009年税后利润为1 000万元，每股股利为1元。

［要求］ 如果仍然继续执行固定股利支付率政策，该公司2009年度将要支付的股利为多少?

如果公司下一年度的投资预算为1 200万元，准备在本年度采用剩余股利政策，目标资本结构为权益资本占60%，债务资本占40%。

［要求］ 计算该公司投资方案所需要的权益资本额和2009年度可用于发放的股利额。

2. 某上市公司于2010年4月9日公布2009年度的最后分红方案，其发布的公告如下："2010年4月8日在陕西召开的股东大会，通过了2009年4月1日董事会关于每股分派0.1元的2009年股息分配方案。股权登记日为4月22日，除息日是4月23日，股东可在5月8日至5月23日之间通过上海证券交易所按交易方式领取股息。特此公告。"

［要求］ 请列出股利宣告日、股权登记日、除息日、股利支付日。

3. 某公司本年实现的净利润为6 000万元，资产合计6 720万元，年终利润分配前的股东权益项目资料如下：

股本(普通股)每股面值4元，240万股，合计960万元；资本公积金384万元；未分配利润2 016万元；股东权益合计为3 360万元。该股票目前的市价为每股20元。

［要求］ 计算回答以下互不相关的问题：

(1)计划按10送1的方案发放股票股利，若股票股利按市价确定，计算完成这一分配方案后的股东权益各项目数额，以及每股收益和每股净资产。

(2)计划按10送1的方案发放股票股利，股票股利按市价计算，并按发放股票股利前的股数派发每股现金股利0.2元。计算完成这一分配方案后的股东权益各项目数额，以及每股收益和每股净资产。

(3)若计划每1股分割为4股，计算完成这一分配方案后的股东权益各项目数额，以及每股收益和每股净资产。

六、简答题

1. 简述营业收入的特征。
2. 股利政策对公司财务活动的影响主要体现在哪些方面?
3. 简述一般企业的税后利润分配顺序。
4. 简述股利相关论中较具代表性的理论。
5. 常用的股利政策主要有哪几种类型?
6. 企业常用的股利支付方式有哪些?
7. 简述股票分割的意义。
8. 企业发放股票股利无论是对股东还是对公司有哪些特殊意义?
9. 试比较分析股票分割和股票股利。
10. 在确定股票回购方案时，哪些是企业进行股票回购决策时需要考虑的重要因素?

第八章

财务预算

一、名词解释

1. 财务预算	2. 全面预算	3. 固定预算方法
4. 弹性预算方法	5. 增量预算方法	6. 零基预算方法
7. 定期预算方法	8. 滚动预算方法	

二、判断题

1. 企业预算以利润为最终目的，并把确定下来的目标利润作为编制预算的前提条件。（ ）

2. 从理论上讲，弹性预算只适用于编制成本费用预算和利润预算。（ ）

3. 在编制零基预算时，应以企业基期成本费用水平为基础。（ ）

4. 生产预算是编制企业预算的出发点，也是编制其他日常业务预算的基础。（ ）

5. 现金预算的现金余缺只能通过归还短期借款或取得短期借款解决。（ ）

6. 预计财务报表的编制程序是先编制预计资产负债表，然后编制预计损益表。（ ）

7. 财务预算是以实物量指标总括反映经营预算和资本支出预算的结果。（ ）

8. 编制零基预算时，应以企业现有的费用水平为基础。（ ）

9. 直接人工预算是根据生产预算中的预计生产量、标准单位或定额所确定的直接人工工时、小时工资率进行编制的。（ ）

10. 生产预算一般是根据预计的销售量按品种分别编制的。（ ）

11. 从三大预算的关系看，财务预算是其他预算的基础。（ ）

12. 全面预算是指为企业供、产、销及管理活动所编制的，反映企业收入与费用构成问题情况的预算。（ ）

13. 弹性预算只适用于编制利润预算。（ ）

14. 在编制生产预算时，应考虑产成品期初、期末存货水平。（ ）

15. 企业生产经营预算通常是在生产预测的基础上进行预算的。（ ）

16. 在编制制造费用预算时，需要将固定资产折旧费从固定制造费用中扣除。（ ）

17. 零基预算是根据企业上期的实际经营情况，考虑本期可能发生的变化编制出的预算。（ ）

18. 企业预计财务报表的编制程序是先编制预计资产负债表，然后编制预计利润表。（ ）

三、单项选择题

1. 编制财务预算的期间通常为（ ）。

A. 1年　B. 1个月

C. 1个季度　D. 1个生产经营周期

2. 固定预算是根据预算期间正常的可实现的（ ）而编制的预算。

A. 利润　B. 某一业务量水平

C. 某一成本水平　D. 销售额

3. 与固定预算相对称的概念是（ ）

A. 零基预算　B. 滚动预算　C. 增量预算　D. 弹性预算

4. 用弹性预算的方法编制成本预算时，关键在于把所有的成本划分为（ ）两个部分。

A. 变动成本和固定成本　B. 直接成本和间接成本

C. 产品成本和期间成本　D. 制造成本和加工成本

5. 用来反映预算期内由于营业和资本支出引起的一切现金收支及其结果的预算是（ ）。

A. 财务预算　B. 现金预算

C. 预计资产负债表　D. 预计损益表

6. 编制财务预算的关键和起点是（ ），其他预算均以其为基础。

A. 现金预算　B. 销售预算

C. 预计资产负债表　D. 生产预算

7. 直接材料预算主要是用来确定预算期材料采购数量和采购成本，它是以（ ）为基础编制的。

A. 销售预算　B. 生产预算

C. 制造费用　D. 直接人工预算

8. 制造费用预算中的预算现金支出部分，在计算时应予剔除的是（　）。

A. 固定资产折旧　B. 间接材料费　C. 间接人工费　D. 水电费

9. 在财务预算中，专门用于反映企业未来一定预算期内预计财务状况和经营成果的报表，统称为（　）。

A. 现金预算　B. 预计利润表

C. 预计资产负债表　D. 预计财务报表

10. 编制弹性预算的公式法的优点是（　）。

A. 不逐项分解成本

B. 能直接查出特定业务量下的总成本预算数额

C. 适用于多品种经营的企业

D. 一定范围内不受业务量波动的影响

11. 为克服传统的固定预算的缺点，人们设计了一种适用面广、机动性强、可适用于多种情况的预算方法，即（　）。

A. 弹性预算　B. 零基预算

C. 固定预算　D. 增量(减量)预算

12. 能够同时以实物量指标和价值量指标分别反映企业经营收入和相关现金收入的预算是（　）。

A. 现金预算　B. 销售预算

C. 生产预算　D. 预计资产负债表

13. 编制生产预算时，关键是正确地确定（　）。

A. 销售价格　B. 销售数量　C. 期初存货量　D. 期末存货量

14. 零基预算的出发点是（　）。

A. 基期的费用水平　B. 历史上费用的最好水平

C. 国内外同行业平均费用水平　D. 零

15. 滚动预算的基本特点是（　）。

A. 预算期是相对固定的　B. 预算是连续不断的

C. 预算期与会计年度一致　D. 预算期不可随意变动

16. 编制弹性预算时首先应当考虑并确定的因素是（　）。

A. 业务量　B. 变动成本　C. 固定成本　D. 计量单位

17. 编制零基预算的第一步是（　）。

A. 对方案进行成本—效益分析　B. 收集历史资料

C. 提出预算期内各种活动内容及开支费用

D. 择优安排经过，分配预算资金

18. 能够同时以实物量指标和价值量指标分别反映企业经营收入的预算是（　　）。

A. 现金预算　　B. 销售预算

C. 生产预算　　D. 预计生产负债表

19. 直接材料采购预算的主要编制基础是（　　）。

A. 销售预算　　B. 现金预算　　C. 生产预算　　D. 产品成本预算

四、多项选择题

1. 财务预算的主要作用有（　　）。

A. 强化控制　　B. 协调平衡　　C. 考核依据　　D. 明确目标

2. 销售预算主要包括的内容有（　　）。

A. 销售量　　B. 单位成本　　C. 销售单价　　D. 销售收入

3. 弹性预算从实用的角度看，主要用于编制（　　）。

A. 弹性销售预算　　B. 弹性生产预算

C. 弹性成本预算　　D. 弹性利润预算

4. 在直接材料预算中，列示的现金支出包括（　　）。

A. 本期应支付的采购货款　　B. 上期实付货款

C. 上期应付未付货款　　D. 本期实付货款

5. 全面预算的内容具体包括（　　）。

A. 现金预算　　B. 特种决策预算

C. 日常业务预算　　D. 财务预算

6. 财务预算的内容具体包括（　　）。

A. 现金预算　　B. 预计损益表

C. 预计资产负债　　D. 预计财务状况变动表

7. 下列各项中，被纳入现金预算的有（　　）。

A. 经营性现金收入　　B. 经营性现金支出

C. 资本性现金支出　　D. 现金收支差额

8. 零基预算的优点包括（　　）。

A. 不受基期费用水平的束缚

B. 可充分挖掘内在潜力，增强预算的应用能力

C. 有利于有效地分配资源

D. 工作量小

9. 现金预算根据企业的具体需要可（　　）编制。

A. 按年　　B. 按季　　C. 按月　　D. 按周

10. 现金预算以日常业务预算和专门决策预算为编制依据，主要包括(   )等构成内容。

A. 现金收入　B. 现金支出　C. 现金余缺　D. 现金融通

11. 在日常业务预算中，编制产品生产成本预算的基础包括(   )。

A. 生产预算　B. 直接材料消耗及采购预算
C. 制造费用预算　D. 直接人工成本预算

12. 财务预算中的预计财务报表包括(   )。

A. 预计收入表　B. 预计成本表
C. 预计损益表　D. 预计资产负债表

13. 预计财务报表的编制基础包括(   )。

A. 日常业务预算　B. 特种决策预算
C. 现金预算　D. 人员培训预算

14. 下列各项中，属于编制现金预算依据的有(   )。

A. 销售预算　B. 生产预算
C. 直接人工预算　D. 材料采购预算
E. 制造费用预算　F. 产品成本预算
G. 销售及管理费用预算

15. 弹性预算的优点是(   )。

A. 适应面广　B. 机动性强
C. 多用于间接费用预算　D. 避免重复编制预算
E. 各预算期预算相互衔接

16. 零基预算与传统的增(减)量预算相比较，其不同之处在于(   )。

A. 一切从可能出发　B. 以零为基础
C. 以现有的费用水平为基础　D. 不考虑以往会计期间发生的费用
E. 一切从实际需要出发

17. 下列各项中，能够为编制预计利润表提供信息来源的有(   )。

A. 销售预算　B. 产品成本预算
C. 制造费用预算　D. 专门决策预算
E. 销售及管理费用预算

18. 下列预算中，既能反映经营业务又能反映现金收支内容的有(   )。

A. 销售预算　B. 生产预算
C. 材料采购预算　D. 制造费用预算
E. 产品单位成本及期末存货预算　F. 直接人工预算

19. 编制全面预算的作用主要有( )。

A. 明确奋斗目标　　B. 控制业务活动

C. 协调各部门的工作　　D. 评定实际工作成果

五、计算分析题

1. 长虹公司根据销售预测,对某产品20××年度的销售量做如下预计:第一季度为5 000件,第二季度为6 000件,第三季度为8 000件,第四季度为7 000件,每个季度的期末存货量应为下一季度预计销售量的10%。若年初存货量为750件,年末存货量为600件,单位产品材料消耗定额为5小时/件,单位工时的工资额为0.6元。

[**要求**] 根据以上资料,编制该公司的生产预算和直接人工预算。

2. 中华公司20××年度制造费用的明细项目如下:

(1)间接人工:基本工资为3 000元,另加每工时的津贴0.10元;

(2)物料费:每工时负担0.15元;

(3)折旧费:5 000元;

(4)维护费:如果生产能量在3 000 ~ 6 000工时的相关范围内,基数为2 000元,另加每工时应负担0.80元;

(5)水电费:基数为1 000元,另加每工时应负担0.20元。

[**要求**] 根据上述资料,为该公司在生产能量为3 000 ~ 6 000工时的相关范围内,编制一套能适应多种业务量的制造费用弹性预算(间隔为1 000工时)。

3. 宏达公司生产甲、乙两种产品。该公司2009年12月31日的简略资产负债表如下表所示:

宏达公司资产负债表

2009年12月31日　　单位:元

资　产		负债与股东权益	
现金	1 100	短期借款	70 000
应收账款	130 000	应付账款	62 800
存货:材料	22 400	实收股本	150 000
产成品	78 400	留存收益	66 100
固定资产净值	117 000		
合　计	348 900	合　计	348 900

2010年有关预测资料如下:

(1)甲、乙产品预计销售量分别为3 000件和2 000件;预计单价分别为100元和80元;预计销售环节税金为销售收入的5%;预计期初应收账款余额130 000元,预算期已全部收回；预算期销售情况为现销和赊销各占50%。

(2)甲、乙产品期初产成品存货分别为400件和800件，单位成本分别为76.8元和59.6元；预计期末产成品存货分别为300件和500件。

(3)假定甲、乙产品只耗用A种原材料，单位产品A材料的消耗定额分别为5千克和4千克；A种材料期初结存量为2 800千克，预计期末结存量为2 500千克；A材料单价为8元/千克。预算期初应付账款余额62 800元，预算期内已全部偿还；预算期材料采购的货款有40%在本期内付清，另外60%在下期内支付。

(4)假定期初、期末在产品数量没有变动，其他直接支出已被并入直接人工成本统一核算。单位产品直接人工工时甲产品为4小时，乙产品为3小时，小时工资率为5元/小时。

(5)预计制造费用、销售费用及管理费用如下：2001年全年变动性制造费用为33 400元；固定性制造费用为36 740元，其中固定资产折旧费为12 140元，其余均为发生的付现成本。销售费用及管理费用合计为8 600元。制造费用按预计直接人工工时总数进行分配。

(6)其他资料如下：2010年预计分配股利5 000元；免缴所得税；期末现金余额3 000元，现金余缺可通过归还短期借款或取得短期借款解决。

［要求］ 编制宏达公司2010年的下列预算：

(1)销售预算；

(2)生产预算；

(3)直接材料消耗及采购预算；

(4)直接人工成本预算；

(5)制造费用预算；

(6)产品生产成本预算；

(7)现金预算；

(8)预计损益表；

(9)2010年12月31日预计资产负债表。

4. NY公司只生产销售A产品，年最大生产量为3 000件。在现有生产技术水平条件下，年固定制造费用总额为300 000元，其中：办公费100 000元，折旧费180 000元，租赁费20 000元。每件A产品的变动成本为360元，其构成如下：

直接材料	150元
直接人工	100元
变动制造费用	110元
其中：间接材料	40元
间接人工	50元
动力费	20元

［要求］ 按年产量 1 500 件、2 000 件、2 500 件、3 000 件的间隔，编制该公司的弹性生产成本预算表。

5. MG 公司在预算年度 2010 年只生产销售一种产品，销售单价为 90 元/件。经预测，预算年度内各季度的销售量分别为 1 100 件、1 600 件、2 000 件、1 500 件。按往年的经验，销售货款在当季可收到 60%，其余 40%在下一季度收回。2009 年末的应收账款余额为 45 000 元。

［要求］ 编制 MG 公司 2010 年度的销售预算和现金收入计算表。

6. AS 公司只生产销售一种产品，2010 年度计划生产该产品 6 220 件，其中：一季度生产 1 160 件，二季度生产 1 640 件，三季度生产 1 950 件，四季度生产 1 470 件。生产中需耗用 A、B 两种直接材料，单位产品材料消耗定额为 3 千克和 2 千克，材料单价分别为 5 元和 3 元。每季末的材料库存按下季度生产需用量的 30%计算，各季期初存货与上季末存货量相等。年初 A、B 材料的库存量分别为 1 030 千克和 830 千克。按以往经验，每季材料采购金额中有 50%需付现款，其余部分在下季度付清。经测算，上年度末应付 A、B 两种材料款为 9 400 元。

［要求］ 编制 2010 年度直接材料采购预算表和相关现金支出预算表。

六、简答题

1. 固定预算和弹性预算各有什么特点？
2. 零基预算的基本程序是什么？它有何特点？
3. 应如何编制滚动预算？它有何特点？
4. 财务预算的作用是什么？

第十章

财务控制

一、名词解释

1. 财务控制　2. 责任中心　3. 投资中心　4. 投资报酬率
5. 剩余收益　6. 内部转移价格　7. 双重价格　8. 协商价格
9. 定额控制　10. 侦查性控制　11. 成本中心　12. 标准成本中心
13. 职务分离控制

二、判断题

1. 剩余收益是一个绝对数正指标,这个指标越大,说明投资效果越好。（　）

2. 在利润中心或投资中心之间转移产品或劳务,以成本为内部转让价格,最符合责任会计的要求。（　）

3. 以成本为基础的内部转移价格方法有标准成本定价法、变动成本定价法和成本加成定价法。（　）

4. 当制定内部转移价格的各种原则发生冲突时,应遵循的决策原则是公平合理原则。（　）

5. 收入中心的考核指标包括销售收入目标完成百分比、现金回款率、销售款平均回收天数、剩余收益等。（　）

6. 收入中心的考核指标中最主要的指标是现金回款率。（　）

7. 由成本中心承担责任的成本就是责任成本,成本中心的责任成本必须是可控成本。（　）

8. 特定成本中心应当承担不可控成本的相应责任。（　）

9. 投资报酬率＝投资周转率×销售利润率。（　）

10. 以剩余收益作为投资中心经营业绩评价指标,各投资中心只要投资利润率大于

预期最低投资报酬率，即剩余收益大于等于零，该项投资项目就是可行的。（　）

11. 财务控制就是为了实现财务目标，根据预算、制度，发现偏差和纠正偏差的过程。（　）

12. 按照控制的内容，财务控制分为预防性控制、侦查性控制、纠正性控制和前馈性控制。（　）

13. 按照控制的依据，财务控制分为收支控制和现金控制。（　）

14. 职务分离控制是对处理某种经济业务所涉及的职责分派给不同的人员，使每个人的工作都是对其他有关人员的工作的一种自动检查。（　）

15. 业绩评价控制是财务控制的一种方式。（　）

16. 成本中心也要对收入、利润或投资负责。（　）

17. 财务控制是一个动态的控制过程。（　）

18. 一般而言，对激励性指标确定最低控制标准，对约束性指标确定最高控制标准。（　）

三、单项选择题

1.（　）是指既要对成本、利润负责，又要对投资效果负责的责任中心。

A. 利润中心　　B. 基本成本中心

C. 成本中心　　D. 投资中心

2. 按照财务控制的（　），财务控制分为一般控制和应用控制。

A. 功能　　B. 内容　　C. 依据　　D. 对象

3.（　）是对处理某种经济业务所涉及的职责分派给不同的人员，使每个人的工作都是对其他有关人员的工作的一种自动的检查。

A. 授权批准控制　　B. 职务分离控制

C. 全面预算控制　　D. 财产保全控制

4. 下列（　）不属于收入中心的考核指标。

A. 销售收入目标完成百分比　　B. 现金回款率

C. 坏账发生率　　D. 剩余收益

5.（　）是不直接对外销售产品或提供劳务，而是在企业内部各责任中心之间按照内部转移价格，相互提供产品或劳务而形成的利润中心。

A. 人为利润中心　　B. 非人为利润中心

C. 自然利润中心　　D. 非自然利润中心

6. 甲、乙两公司均为A公司下属的自然利润中心。甲公司产品可直接按30元/件外销，也可提供给乙公司进一步加工，内部转让可减少固定销售费用5元/件。甲公司产品单位变动成本为10元，最大生产能力为2 500件，乙公司需要量为1 500件。假定甲公司产品有完全竞争的外部市场，那么其内部转移价格能为甲、乙两公司所共同接受的合理变动范围是(　　)元。

A. 20～25　B. 25～28　C. 25～30　D. 30～35

7.(　　)是指由买卖双方分别采用不同的内部转移价格作为计价基础的价格。

A. 协商价格　B. 市场价格　C. 双重价格　D. 双重成本价格

8. 按照控制的对象，财务控制分为(　　)和现金控制。

A. 成本控制　B. 银行存款控制

C. 预算控制　D. 收支控制

9.(　　)是指对客观事物进行约束和调节，使之按照设定的目标和轨迹运行的过程。

A. 控制　B. 管理　C. 反馈　D. 预算

10. 财务控制是一个(　　)的控制过程。

A. 静态　B. 动态

四、多项选择题

1. 广义的成本中心有(　　)类型。

A. 标准成本中心　B. 基本成本中心

C. 复合成本中心　D. 费用中心

2. 下列属于成本中心考核指标的有(　　)。

A. 责任成本变动额　B. 责任成本变动率

C. 投资报酬率　D. 剩余收益

3. 下列属于财产保全控制的措施的有(　　)。

A. 限制接触财产　B. 定期盘点清查

C. 记录保护　D. 财产保险

4. 责任中心按其责任对象，可分为(　　)。

A. 收入中心　B. 成本中心　C. 利润中心　D. 投资中心

5. 下列不属于内部转移价格的制定原则的是(　　)。

A. 整体利益最大化原则　B. 协商原则

C. 全面预算原则　D. 财产保全原则

6. 以成本为基础的内部转移价格方法有(　　)。

A. 标准成本定价法　B. 固定成本定价法

C. 变动成本定价法　D. 成本加成定价法

7. 内部转移价格的作用有(　　)。

A. 有利于明确划分企业各责任中心的经济责任

B. 有利于使企业各责任中心的业绩考评建立在客观、可比的基础之上

C. 有利于调动企业内各部门的生产积极性和节约观念

D. 有利于制定出正确的经营决策

8. 授权通常包括(　　)。

A. 一般授权　　B. 普通授权　　C. 特别授权　　D. 重大授权

9. 按照控制的功能,财务控制分为(　　)。

A. 预防性控制　　B. 侦查性控制　　C. 纠正性控制　　D. 前馈性控制

10. 一个有效的独立检查控制应当满足(　　)。

A. 检查工作由一个和原业务活动、记录、保管相独立的人员来执行

B. 不管采用全部复核或抽样复核,复核工作须经常进行

C. 采用抽样复核时,复核工作须经常进行

D. 错误和例外须迅速地传达给有关人员,以便更正

11. 下列(　　)属于责任中心的基本特征。

A. 拥有与企业总体管理相协调、与其管理职能相适应的经营决策权,使其能在最恰当的时刻对企业遇到的问题作出最恰当的决策

B. 承担与其经营权相适应的经济责任

C. 建立与责任相配套的利益机制,以使管理人员的个人权益与其管理业绩相联系起来,从而调动全体管理人员和职工的工作热情和责任心

D. 各责任中心的局部利益必须与企业整体利益相一致,不能为了各责任中心的局部利益而影响企业的整体利益

12. 西方国家采用的双重价格通常有(　　)形式。

A. 双重市场价格　　B. 双重成本价格

C. 双重转移价格　　D. 双重支付价格

五、计算分析题

1. 公司内部一车间为成本中心,生产A产品,预算产量7 000件,单位成本50元;实际产量8 000件,单位成本45元。

[**要求**]　试计算成本中心的责任成本变动额和变动率。

2. 某企业有若干个投资中心,平均投资报酬率为15%,其中甲投资中心的投资报酬率为20%,该中心的经营资产平均余额为200万元。预算期甲投资中心有一追加投资的机会,投资额为100万元,预计利润为16万元。投资报酬率为16%。

[**要求**]

(1)假定预算期甲投资中心接受了上述投资项目，分别用投资报酬率和剩余收益指标来评价考核甲投资中心追加投资后的工作业绩。

(2)分别从整个企业和甲投资中心的角度，说明是否应当接受这一追加投资项目。

3. 甲、乙公司均为A公司下属的自然利润中心。甲公司产品可直接按35元/件外销，也可提供给乙公司进一步加工，内部转让可减少固定销售费用8元/件。甲公司产品单位变动成本为10元，最大生产能力为2 500件，乙公司需要量为1 500件。

［**要求**］ 假定甲公司产品有完全竞争的外部市场，试确定其内部转移价格能为甲、乙公司所共同接受的合理变动范围。

六、简答题

1. 简述投资中心与利润中心的主要区别。
2. 企业采用投资报酬率作为评价投资中心业绩指标的优点是什么？
3. 内部转移价格的作用有哪些？
4. 什么是内部转移价格？内部转移价格的制定原则有哪些？
5. 内部转移价格主要有哪些类型？
6. 采用双重价格的前提条件是什么？
7. 什么是财务控制？其要素包括哪些方面？
8. 简述责任中心的种类及其特征。
9. 简述可控成本必须具备的条件。
10. 简述财务控制的分类。

第十一章 财务分析

案例一

请认真阅读案例资料，按照具体要求进行相关计算与分析。

重庆建峰化工股份有限公司

一、公司概况

（一）基本资料

公司名称	重庆建峰化工股份有限公司		
证券简称	建峰化工	证券代码	000950
行业类别	化学肥料制造业	法人代表	曾中全
证券类别	深圳A股	上市日期	1999－09－16
注册地址	重庆市涪陵区白涛镇		
经营范围	生产、销售化肥（含尿素、复合肥）、氧气、氩气、氮气、液氨、氨水、精细化工及其他化工产品；利用自有资金对化肥及化工产品开发项目进行投资；货物进出口（法律法规禁止的，不得经营；法律法规限制的，取得许可后方可经营）。		
主营业务	生产、销售化肥（含复混肥料）、氧气、氩气、氮气、液氨，利用自有资金对化肥及化工产品开发项目进行投资，货物进出口。		
历史沿革	公司主要发起人重庆农药化工（集团）有限公司为国有独资公司，由同为国家大二型企业的原重庆东风化工厂与重庆农药厂于1997年3月24日合并组建成立。公司由主要发起人在改制的基础上联合重庆天原化工厂、重庆嘉陵化学制品有限公司等四家发起人共同发起设立。		

（二）股本结构

单位(万股)	2008－06－30	2007－12－31	2006－12－31	2005－12－31
总股本	31 160.83	24 928.66	15 500.00	15 500.00
流通A股	31 160.83	24 928.66	15 500.00	15 500.00
实际流通A股	8 918.73	7 134.99	6 325.00	6 317.72
限售的流通股	22 242.09	17 793.67	9 175.00	9 175.00
暂锁定人民币普通股	—	—	—	7.28

（三）经营投资【2008年半年报】

1. 报告期总体经营情况

报告期内，公司围绕年初确定的规范、发展目标，确保了各项工作有序进行和生产经营的稳定发展：理顺和加强内部管理，建立健全财务等制度体系，推进公司规范运作；克服了天然气供应紧张、原辅材料燃料动力涨价带来的成本压力，进一步加强生产管理，实现了生产装置稳定高负荷运行；抓住了化肥市场供不应求、价格上涨的机遇，强化农资公司营销能力建设，抓好自产品营销的同时加大外购外销力度，以夯实渠道体系，塑造流通品牌；收购并积极推进了第二套大化肥项目建设，在做强主业基础上积极培育新的经济增长点。

报告期内，公司合并报表实现主营业务收入75 402.83万元，同比增长52.82%；营业利润总额13 057.10万元，同比增长3.39%；实现净利润13 112.58万元，同比增长130.22%。净利润及营业收入增长的主要原因在于：2007年10月公司成功实施非公开发行股份购买建峰化肥49%股权方案；报告期内，公司主产品销售价格上涨；农资公司致力于渠道建设，营销规模扩大。

2. 经营中的问题与困难

报告期内，公司面临的主要困难是天然气供应紧张、原辅材料及燃料动力价格持续上涨带来的生产成本上升压力。

对此，公司将加强与供应商沟通协调，抓住化肥装置大修后性能改善的有利条件，积极加强生产组织协调和成本控制，保证装置安全、稳定、经济运行；针对市场变化及时调整营销策略，促进产品销售，力争经营绩效的进一步提升。

3. 公司投资情况

(1)募集资金使用情况。

报告期内，公司无募集资金或前期募集资金使用到本期的情况。

(2)报告期内非募集资金的重大项目进度情况。

报告期内，非募集资金的重大项目为年产45万吨合成氨/80万吨尿素在建工程项目。截至报告期末，该项目已完成装置区场地平整、主装置区地下管网埋设等单项工程，主体装置工程已全部开工，施工进度符合工程进度计划。

(3)报告期内，公司对上年度报告中披露的本年度经营计划没有做出修改。

二、资产负债表、利润表、现金流量表

资产负债表(合并)

单位：万元

项　目	2008 年 6 月 30 日	2007 年 12 月 31 日	2006 年 12 月 31 日
资　产			
流动资产			
货币资金	72 744	59 378	36 332
交易性金融资产			
应收票据	1 178	276	
应收账款	2	2	1
预付账款	7 055	3 588	2 609
其他应收款	100	79	25
存货	24 560	12 193	15 098
其他流动资产			
流动资产合计	105 639	75 516	54 065
非流动资产			
可供出售金融资产			
长期股权投资	103	103	90
投资性房地产			
固定资产净值	36 576	41 363	47 255
在建工程	27 941	949	577
无形资产	2 730	2 759	2 816
长期待摊费用			369
递延所得税资产			
非流动资产合计	67 350	45 174	51 107
资产合计	172 989	120 690	105 172

续表

项　目	2008年6月30日	2007年12月31日	2006年12月31日
负　债			
流动负债			
短期借款			
交易性金融负债			
应付票据		662	1 029
应付账款	3 050	1 094	1 611
预收账款	25 606	7 822	10 636
应付职工薪酬	974	1 646	2 504
应交税费	—505	1 112	1 281
其他应付款	28 677	535	598
一年内到期非流动负债	1 269	2 500	2 406
流动负债合计	59 071	15 371	20 065
非流动负债			
长期借款	31 375	30 902	32 149
其他非流动负债			
递延所得税负债			
非流动负债合计	31 375	30 902	32 149
负债合计	90 446	46 273	52 214
所有者权益			
股本	31 161	24 929	15 500
资本公积	20 903	27 136	2 049
盈余公积	2 815	2 815	645
未分配利润	27 664	19 537	34 764
外币折算差额			
归属母公司股东权益合计	82 543	74 417	52 958
少数股东权益			
股东权益合计	82 543	74 417	52 958
负债与股东权益合计	172 989	120 690	105 172

利润表(合并)

单位:万元

项　目	2008年1～6月	2007年	2007年1～6月
一、营业收入	75 402	102 304	49 340
减:营业成本	56 292	65 509	31 085
营业税金及附加	1	24	5
销售费用	3 174	6 418	3 137
管理费用	2 473	4 654	2 356
财务费用	599	1 504	126
资产减值损失	5	4	3
加:公允价值变动收益			
投资收益	199	13	—
二、营业利润	13 057	24 204	12 628
加:营业外收入	432		
减:营业外支出	10	112	
其中:非流动资产处置损失			
三、利润总额	13 479	24 092	12 628
减:所得税	367	2 633	1 192
四、净利润	13 112	21 459	11 436
归属母公司股东净利润		14 544	
少数股东损益		6 915	

注:公司控股子公司重庆建峰化肥有限公司已于2007年11月注销,因此资产负债表没有反映少数股东权益。

现金流量表(摘要)

单位:万元

项　目	2008年1～6月	2007年	2007年1～6月
一、经营活动产生的现金流量			
经营活动现金流入小计	84 046	100 222	55 791
经营活动现金流出小计	60 746	70 263	35 048
经营活动产生的现金流量净额	23 300	29 959	20 743

续表

项　目	2008 年 1～6 月	2007 年	2007 年 1～6 月
二、投资活动产生的现金流量			
投资活动现金流入小计	950	641	271
投资活动现金流出小计	4 356	4 295	525
投资活动产生的现金流量净额	－3 406	－3 654	－254
三、筹资活动产生的现金流量			
筹资活动现金流入小计			
筹资活动现金流出小计	6 528	3 259	1 610
筹资活动产生的现金流量净额	－6 528	－3 259	－1 610
四、现金及现金等价物净增加额	13 366	23 046	18 879
加:年初现金及现金等价物余额	59 378	36 332	36 331
五、年初现金及现金等价物余额	72 744	59 378	55 210

三、要求

请根据上述资料,计算填列下表并进行分析:

第一部分　计算填列下表,分析公司股东权益结构(垂直分析)

股东权益结构分析表(合并)　　单位:%

所有者权益	2008 年(上)	2007 年	2007 年(上)
股本			29.27
资本公积			3.87
盈余公积			1.22
未分配利润			65.64
外币折算差额			—
归属母公司股东权益合计			—
少数股东权益			—
股东权益合计	100	100	100

分析:

第二部分　计算填列下表，分析公司短期流动性

短期流动性分析

项　目	2008年(上)	2007年	2007年(上)
流动比率(倍)			2.69
速动比率(倍)			1.94
现金流动负债比率(%)			103.37
每股经营活动现金流量(元)			—

分析：

第三部分　计算填列下表，分析公司经营效率

经营效率分析　单位：次或天

项　目	2008年(上)	2007年	2007年(上)
应收账款周转率			25.38
存货周转率			2.73
应付账款周转率			19.85
总资产周转率			0.43
应收账款周转天数			14.18
存货周转天数			131.87
经营周期(天)			146.05

分析：

第四部分　计算填列下表，分析公司资本结构与长期偿债能力

资本结构与长期偿债能力

科　目	2008年(上)	2007年	2007年(上)
资产负债率(%)			49.65
权益乘数(倍)			1.99

分析：

第五部分 计算填列下表，分析公司盈利能力

公司盈利性分析(一)

单位：%

科 目	2008年(上)	2007年	2007年(上)
毛利率			37
销售净利率			23.18
现金净利润率			42.04

公司盈利性分析(二)

单位：%

科 目	2008年(上)	2007年	2007年(上)
资产净利率			9.9
净资产收益率			19.12
投资收益率			—
销售现金比率			42.04
净资产净现率			—

分析：

第六部分 计算填列下表，分析公司资本市场特定指标

每股收益(元)

单位：元

科 目	2008年(上)	2007年	2007年(上)
$\frac{\text{净利润}}{\text{发行在外普通股股数}}$			0.29

每股净资产(元)

单位：元

科 目	2008年(上)	2007年	2007年(上)
$\frac{\text{年末股东权益}}{\text{年末普通股份总数}}$			2.99

市盈率(倍)

科　目	2008年(上)	2007年	2007年(上)
公司股票市场价格 / 普通股每股收益(EPS)			39.31

注:(1)2008年6月30日公司股票收盘价为13.26元;

(2)2007年12月28日公司股票收盘价为16.08元;

(3)2007年6月29日公司股票收盘价为11.40元。

市净率(倍)

科　目	2008年(上)	2007年	2007年(上)
公司股票市场价格 / 普通股每股净资产			3.81

分析:

第七部分　企业发展能力分析

请计算公司2008年上半年资本积累率、销售增长率、利润增长率、总资产增长率四个分析指标。

第八部分　分析结论

案例二

请认真阅读案例资料,按照分析的具体要求进行相关计算与分析。

青岛海尔股份有限公司(600690)

一、基本概况

1. 行业类别:日用电器制造业
2. 股票板块:上海A股
3. 上市日期:1993—11—19
4. 注册地址:青岛市崂山区海尔工业园内
5. 主营业务:从事电冰箱、空调器、冰柜等产品的生产与经营
6. 公司简介:

海尔集团是世界第四大白色家电制造商、中国最具价值品牌。海尔在全球30多个国家建立本土化的设计中心、制造基地和贸易公司,全球员工总数超过5万人,已发展成为大规模的跨国企业集团。2007年,海尔集团实现全球营业额1 180亿元。

据中国最权威市场咨询机构中怡康统计:2007年,海尔在中国家电市场的整体份额达到25%以上,依然保持份额第一;尤其在高端产品领域,海尔市场份额高达30%以上,其中,海尔在白色家电市场上仍然遥遥领先。在智能家居集成、网络家电、数字化、大规模集成电路、新材料等技术领域也处于世界领先水平。

2008年,海尔实施全球化品牌战略进入第三年。随着全球化和信息化突飞猛进,海尔开始了信息化流程再造。海尔通过从目标到目标、从用户到用户的端到端的流程,打造卓越运营的商业模式。海尔的信息化革命,意味着"新顾客时代"的开始。海尔通过流程机制的建立和卓越商业模式的打造,创造和满足全球用户的需求。海尔已经启动"创造资源、美誉全球"的企业精神和"人单合一、速决速胜"的工作作风,通过无边界的团队整合全球化的资源,创出中国人自己的世界名牌。

二、其他相关资料

1. 总股本

	2007—12—31	2006—12—31	2005—12—31
总股本(万股)	133 851.88	119 647.24	119 647.24

2. 分红方案

2007年每10股派2元,2006年每10股派1.5元,2005年每10股派1元。

3. 股票价格

2007年12月28日收盘价为22.46元/股,2006年12月29日收盘价为9.22元/股,2005年12月30日收盘价为4.10元/股。

三、资产负债表、利润表及现金流量表

资产负债表

单位:万元

项 目	2007年年报	2006年年报	2005年年报
货币资金	242 083	162 638	67 023
交易性金融资产	0	0	0
应收票据	167 534	114 516	106 335

续表

项　目	2007年年报	2006年年报	2005年年报
应收股利	0	4	4
应收利息	0	0	0
应收账款	57 890	137 024	101 235
其他应收款	9 286	5 004	7 188
预付账款	9 425	4 388	14 863
存货	292 867	134 821	87 811
待摊费用	0	0	0
一年内到期的非流动资产	0	0	0
其他流动资产	1	0	0
流动资产合计	779 086	558 395	384 459
可供出售金融资产	2 039	0	0
持有至到期投资	0	0	0
长期股权投资	60 049	86 244	132 819
其他长期投资	0	0	0
长期投资净额	62 088	86 244	132 819
固定资产	235 904	180 958	150 654
工程物资	0	0	0
在建工程	18 916	13 541	2 977
固定资产清理	0	0	0
无形资产	14 642	8 508	6 716
开发支出	0	0	0
商誉	0	0	0
长期待摊费用	108	29	125
投资性房地产	0	0	0
长期应收款	0	0	0
递延所得税资产	8 153	0	0

续表

项　目	2007 年年报	2006 年年报	2005 年年报
其他非流动资产	0	0	0
非流动资产合计	339 811	289 280	293 291
资产总计	1 118 897	847 675	677 750
短期借款	9 700	22 300	700
交易性金融负债	0	0	0
应付票据	46 012	12 300	0
应付账款	236 797	145 725	33 308
预收款项	80 366	6 003	2 957
应付职工薪酬	6 729	3 673	2 290
应付股利	0	5 291	7 209
应交税费	−25 850	4 517	802
其他应付款	19 986	10 885	11 070
预提费用	0	0	0
应付利息	0	0	0
一年内到期的非流动负债	0	0	13 837
其他流动负债	30 582	0	0
流动负债合计	404 322	210 694	72 173
长期借款	7 940	3 980	0
应付债券	0	0	0
长期应付款	0	0	0
专项应付款	0	0	137
递延收益	0	0	0
预计负债	0	0	0
递延所得税负债	345	0	0
其他非流动负债	676	0	0
非流动负债合计	8 961	3 980	137

续表

项　目	2007 年年报	2006 年年报	2005 年年报
负债合计	413 283	214 674	72 310
实收资本(股本)	133 852	119 647	119 647
资本公积	376 340	347 826	338 942
减:库藏股	0	0	0
盈余公积	113 329	141 705	132 314
未分配利润	82 093	23 823	14 537
外币报表折算差额	0	0	0
所有者权益(或股东权益)合计	705 614	633 001	605 440
负债和所有者权益(或股东权益)总计	1 118 897	847 675	677 750

利润表

单位:万元

项　目	2007 年年报	2006 年年报	2005 年年报
营业收入	2 946 865	1 962 283	1 650 946
减:营业成本	2 386 784	1 686 852	1 456 723
营业税金及附加	6 586	3 603	2 779
资产减值损失	−3 738	0	0
销售费用	350 246	138 607	91 591
管理费用	118 748	76 806	57 444
财务费用(收益以"−"号填列)	4 797	253	−203
投资净收益(净损失以"−"号填列)	6 487	−11 067	−11 321
影响营业利润的其他科目	0	3 858	1 321
营业利润(亏损以"−"号填列)	89 929	48 953	32 612
加:营业外收入	4 723	2 182	576
减:营业外支出	6 641	4 830	611
其中:非流动资产处置净损失	0	0	0
利润总额(亏损总额以"−"号填列)	88 011	46 305	32 577
减:所得税	12 582	10 657	7 603
净利润(净亏损以"−"号填列)	75 429	35 648	24 974

现金流量表

单位:万元

项　目	2007 年年报	2006 年年报	2005 年年报
一、经营活动产生的现金流量			
销售商品、提供劳务收到的现金	3 110 646	643 023	397 363
收取租金	0	0	0
收到的税费返还	8 823	9 335	11 756
收到其他与经营活动有关的现金	18 482	6 210	5 929
经营活动现金流入小计	3 137 951	658 568	415 048
购买商品、接受劳务支付的现金	2 512 916	361 282	199 301
经营租赁支付的现金	0	0	0
支付给职工以及为职工支付的现金	132 884	32 768	23 675
支付的各项税费	99 006	48 459	41 644
支付其他与经营活动有关的现金	265 259	93 043	103 633
经营活动现金流出小计	3 010 065	535 552	368 253
经营活动产生的现金流量净额	127 886	123 016	46 795
二、投资活动产生的现金流量			
收回投资收到的现金	0	0	0
取得投资收益收到的现金	11	11	50
处置固定资产、无形资产和其他长期资产收回的现金净额	3 492	5 575	85
处置子公司及其他营业单位收到的现金净额	0	0	0
收到其他与投资活动有关的现金	241	7 517	693
投资活动现金流入小计	3 744	13 103	828
购建固定资产、无形资产和其他长期资产支付的现金	32 734	27 827	8 013
投资支付的现金	1 080	0	9 093
取得子公司及其他营业单位支付的现金净额	0	0	0
支付其他与投资活动有关的现金	59	0	0
投资活动现金流出小计	33 873	27 827	17 106
投资活动产生的现金流量净额	－30 129	－14 724	－16 278

续表

项　目	2007年年报	2006年年报	2005年年报
三、筹资活动产生的现金流量			
吸收投资收到的现金	0	7 683	0
其中:子公司吸收少数股东投资收到的现金	0	0	0
取得借款收到的现金	18 560	23 280	700
收到其他与筹资活动有关的现金	0	0	0
筹资活动现金流入小计	18 560	30 963	700
偿还债务支付的现金	27 200	25 536	0
发生筹资费用支付的现金	0	0	0
分配股利、利润或偿付利息支付的现金	22 597	14 920	33 059
融资租赁支付的现金	0	0	0
支付其他与筹资活动有关的现金	0	3 184	2 643
筹资活动现金流出小计	49 797	43 640	35 702
筹资活动产生的现金流量净额	−31 237	−12 677	−35 002
四、汇率变动对现金的影响	0	0	0
五、现金及现金等价物净增加额	66 520	95 615	−4 485
期初现金及现金等价物余额	175 563	67 023	71 508
期末现金及现金等价物余额	242 083	162 638	67 023

四、计算填列下表并进行分析

(一)偿债能力与资本结构分析

项　目	2007年	2006年	2005年
流动比率			
速动比率			
资产负债率(%)			
权益乘数			
利息保障倍数			
有形净值债务率(%)			

评价及建议：

（二）营运能力分析

项　目	2007 年	2006 年
应收账款周转率		
存货周转率		
总资产周转率		
应收账款周转天数		
存货周转天数		
营业周期（天）		

评价及建议：

（三）获利能力及投资报酬能力分析

项　目	2007 年	2006 年	2005 年
销售毛利率（%）			
营业利润率（%）			
销售净利率（%）			
销售成本率（%）			
总资产报酬率（%）			—
净资产报酬率（%）			—

评价及建议：

（四）现金流量分析

项　目	2007 年	2006 年	2005 年
现金债务总额比率(%)			
现金流动负债比率(%)			
销售现金比率(%)			
现金净利润率(%)			
总资产净现率(%)			—
净资产净现率(%)			—

评价及建议：

（五）上市公司特定指标分析

项　目	2007 年	2006 年	2005 年
每股收益			
每股净资产			
每股经营活动现金流量			
股利支付率(%)			
市盈率			
市净率			

（六）发展能力分析

项　目	2007 年	2006 年
资本积累率(%)		
销售增长率(%)		
利润增长率(%)		
总资产增长率(%)		

（七）综合评价

1. 假如你是这个公司的股东，你是继续持有、增持还是减持该公司股票？简要说明理由？

2. 假如你是这家公司的财务主管助理，现在董事会请你参加公司财务活动分析例会，你会给公司董事会提出哪些建议？请概括写出来。

第十二章

企业并购中的财务战略

一、名词解释

1. 企业并购　　2. 横向并购　　3. 纵向并购　　4. 混合并购
5. 杠杆收购　　6. 股票支付

二、判断题

1. 吸收合并是指一个企业通过吸收其他企业的形式而进行的合并。（　　）

2. 新设合并是指两个以上企业通过合并成为一个新的公司而进行的合并。采用此种合并,合并各方均保留原来的法人资格。（　　）

3. 直接资产收购是指并购公司用现金或其他回报购买目标公司的部分或全部资产,收购完成后,一般目标公司仍然存在。（　　）

4. 子公司并购是指目标公司被并入一个由并购公司控制的子公司,并获得现金、股票等回报。（　　）

5. 直接股票收购是指并购公司直接向目标公司购买股票,以达到收购目标公司的目的。（　　）

三、单项选择题

1. 在我国,企业并购时主要的支付手段是（　　）。
   A. 现金支付　　B. 股票支付　　C. 混合支付　　D. 其他

2. 股票支付常见于（　　）收购,当并购双方规模相当时,被采用的可能性比较大。
   A. 善意　　B. 恶意　　C. 强行　　D. 杠杆收购

3. 2005 年 10 月收购徐工机械的企业为（　　）。
   A. 米塔尔　　B. 阿赛洛　　C. 拉法基　　D. 凯雷

4. 杠杆收购的特点，首先是并购的自有资金占并购总资金的比例仅为(　　)左右。

A. 20%　　B. 25%　　C. 35%　　D. 40%

5. 我国《公司法》第 184 条规定，公司应当自作出合并决议之日起(　　)日内通知债权人。

A. 5　　B. 10　　C. 15　　D. 20

四、多项选择题

1. 企业并购支付的价款一般包括(　　)。

A. 对价款项　　B. 溢价　　C. 折价　　D. 其他费用

2. 企业并购中的交易费用包括(　　)等。

A. 并购融资费用　　B. 外部审计费用

C. 资产评估费用　　D. 律师费用

E. 拍卖费

3. 企业并购支付方式包括(　　)。

A. 现金支付　　B. 股票支付

C. 混合支付　　D. 实物支付

4. 一般而言，被并购企业应具备下列(　　)条件，方可采用杠杆收购。

A. 具有法人资格　　B. 具有较为稳定的、持续的现金流量

C. 并购前的资产负债率较低　　D. 拥有易于出售的非核心资产

5. 企业并购具有一定的并购风险，并购风险主要包括(　　)。

A. 财务风险　　B. 营运风险

C. 企业文化整合风险　　D. 资产真实性风险

五、简答题

1. 简述我国《公司法》规定的企业并购程序。
2. 简述企业并购的动因与效应。
3. 简述并购中财务战略的内容。
4. 简述企业并购的阶段划分与财务流程。
5. 企业并购中的财务工作内容包括哪些？

参考答案

第一章 财务管理总论

一、名词解释

1. 财务管理是企业组织财务活动、处理财务关系的一项综合性经济管理工作。

2. 财务管理目标是企业财务管理活动所希望实现的结果。它是评价企业财务活动是否合理有效的基本标准，是财务管理工作的行为导向，是财务工作实践的出发点和归宿。

3. 企业价值最大化是指通过企业财务上的合理经营，采用最优的财务决策，充分考虑资金的时间价值和风险与报酬的关系，在保证企业长期稳定发展的基础上使企业价值达到最大。

4. 自利行为原则是指人们在进行决策时按照自己的财务利益行事，在其他条件相同的情况下人们会选择对自己经济利益最大的行动。

5. 双方交易原则是指每一项交易都至少存在两方，在一方根据自己的经济利益决策时，另一方也会按照自己的经济利益决策行动，并且对方和你一样聪明、勤奋和富有创造力，因此你在决策时要正确预见对方的反应。

6. 信号传递原则是指行动可以传递信息，并且比公司的声明更有说服力。信号传递原则是自利行为原则的延伸。

7. 引导原则是指当所有办法都失败时，寻找一个可以信赖的榜样作为自己的引导。

8. 有价值的创意原则是指新创意能获得额外报酬。

9. 比较优势原则是指专长能创造价值。

10. 期权原则是指在估价时要考虑期权的价值。

11. 净增效益原则是指财务决策建立在净增效益的基础上，一项决策的价值取决于它和替代方案相比所增加的净收益。

12. 风险—报酬权衡原则是指风险和报酬之间存在一个对等关系，投资人必须对报酬和风险作出权衡，为追求较高报酬而承担较大风险，或者为减少风险而接受较低的报酬。

13. 投资分散化原则是指不要把全部财富投资于一个公司，而要分散投资。

14. 资本市场有效原则是指在资本市场上频繁交易的金融资产的市场价格反映了所有可获得的信息，而且面对新信息完全能迅速地做出调整。

15. 货币时间价值原则是指在进行财务计量时要考虑货币时间价值因素。“货币的时间价值”是指货币在经过一定时间的投资和再投资所增加的价值。

二、判断题

1. √　　2. √　　3. ×　　4. ×　　5. √　　6. ×　　7. √　　8. √

三、单项选择题

1. D　2. A　3. D　4. C　5. B　6. C　7. A　8. D　9. C　10. C
11. A　12. D　13. A　14. B　15. C　16. C　17. C　18. D

四、多项选择题

1. ABCD　2. ABCDE　3. ABCE　4. AC　5. CD
6. AB　7. ABCD　8. ABCD　9. BCD　10. ABC
11. ABCD　12. AB　13. ABC　14. CD　15. AB
16. AB　17. ABCD　18. AB

五、简答题

1. 企业的财务活动主要包括以下四个方面：

(1)筹资活动，是指企业为满足投资和资金运营的需要，筹措和集中所需资金的行为。

(2)投资活动，是指企业资金的投放和使用，是企业预先投入一定数额的资本，以便获得预期经济利益的财务行为。

(3)资金营运活动，是指企业在日常生产经营活动中发生的一系列资金收付行为。

(4)资金分配活动，是指企业对资本运用获取成果的分配，是企业一次资本运动的终点，又是下一次资本运动的起点。

2. 企业的财务关系主要表现在以下几个方面：

(1)企业与投资者之间的财务关系。公司与投资者之间的财务关系，体现了所有权的性质，反映了所有权和经营权的关系。

(2)企业与债权人之间的财务关系。企业与债权人之间的财务关系体现的是债务与债权的关系。

(3)企业与受资者之间的财务关系。企业与受资者之间的财务关系体现的是所有权性质的投资与受资的关系。

(4)企业与债务人之间的财务关系。企业与债务人之间的财务关系体现的是债权与债务关系。

(5)企业与供货商、客户之间的财务关系。主要是指企业购买供货商的商品或接受其服务，以及企业向客户销售商品或提供服务过程中形成的经济关系。

(6)企业与政府之间的财务关系。这是指政府作为行政管理者，通过收缴各种税款的方式与企业形成的经济关系。

(7)企业内部各单位之间的财务关系。这主要是指企业内部各单位之间在生产经营各环节中相互提供产品或劳务所形成的经济关系。

(8)企业与职工之间的财务关系。企业与职工之间的财务关系体现的是职工个人和集体在劳动成果上的分配关系。

3. 财务管理环节是指财务管理的工作步骤与一般工作程序。一般来说，财务管理的基本环节具体包括财务预测、财务决策、财务预算、财务控制和财务分析。

(1)财务预测，是指根据企业财务战略目标和规划，利用企业财务活动的历史资料，结合现实条件与要求，对企业未来财务活动的发展趋势做出科学的预计和测量。财务预测是进行财务决策的基础，也是编制财务预算的前提。

(2)财务决策，是指财务人员根据财务战略目标的总体要求，运用专门的方法从各种备选方案中选择最佳方案的过程。财务决策是财务管理的核心，是在财务预测的基础上进行的。

(3)财务预算，是指企业根据各种预测信息和各项财务决策确立的预算指标和编制的财务计划。

(4)财务控制，就是对预算和计划的执行进行追踪监督、对执行过程中出现的问题进行调整和修正，确保企业全面实现财务计划目标的过程。

(5)财务分析，是以企业财务报表等有关资料为主要依据，运用专门的方法，对企业财务活动过程及其结果进行分析、解释和评价的一项专门工作。

4. 将利润最大化作为企业财务管理目标的优点包括：(1)利润可以直接反映企业创造剩余产品的多少。人类进行生产经营活动的目的是为了创造更多的剩余产品，在商品经济条件下，剩余产品的多少可用利润这个价值指标来衡量。(2)利润是企业补充资本、扩大经营规模的源泉。在自由竞争的资本市场中，资本的使用权最终属于获利最多的企业。(3)利润在一定程度上反映了企业经济效益的好坏和对社会贡献的大小。每个企业都最大限度地获取利润，整个社会的财富才可能实现最大化，从而带来社会的进步和发展。因此，以利润最大化作为财务管理的目标有其科学合理的成分。

将利润最大化作为企业财务管理目标的缺点包括：(1)没有考虑资金的时间价值，这里的利润是指企业一定时期实现的税后净利润，没有考虑利润实现的时间。(2)没有考虑风险因素，高额利润往往要承担过大的风险，一旦过多的累积风险爆发，可能给企业造成无法挽回的损失。(3)没有考虑所获利润与投入资本之间的关系。(4)片面追求利润最大化，可能导致企业财务决策带有短期行为的倾向，与企业发展的战略目标相背离。

5. 将股东财富最大化作为企业财务管理目标有其合理的方面：它考虑了资金时间价值和风险因素，在一定程度上能够克服公司在决策时的短期行为，因为股价不仅与当期收益相关，而且也会受到预期收益和风险的影响；股价客观、明确，股东财富容易计量。

股东财富最大化目标也存在以下缺点：它只适用于上市公司，对非上市公司并不适用；它只强调股东利益，而对其他关系人的利益重视不够；另外，股价并非为企业所控制，是受多种因素影响的结果，并不完全与公司经营业绩相关，把与公司无关的因素引入财务管理目标是不合理的。特别是在资本市场效率低的情况下，股价很难反映企业所有者的价值，只有当资本市场高度发达、有效时，上市公司把股东财富最大化作为财务管理的目标才是一个比较好的选择。

6. 企业价值最大化是指通过企业财务上的合理经营，采用最优的财务决策，充分考虑资金的时间价值和风险与报酬的关系，在保证企业长期稳定发展的基础上使企业价值达到最大。

以企业价值最大化作为财务管理的目标，其优点主要表现在：(1)考虑了资金的时间价值和风险价值，有利于选择投资方案，统筹安排长短期规划，有效筹措资金，合理制定股利政策等；(2)反映了对企业资产保值增值的要求，从某种意义上说，股东财富越多，公司资产的市场价值就越大，追求股东财富最大化的结果可促使公司资产保值、增值；(3)有利于克服管理上的片面性和短期行为；(4)有利于社会资源合理配置，社会资本通常流向公司价值最大化或股东财富最大化的企业或行业，从而实现社会效益最大化。

因此，一般认为企业价值最大化是财务管理的最优目标。

7. 财务管理的原则,也称理财原则,是指人们对财务活动的共同的、理性的认识。可概括为以下三类:

(1)有关竞争环境的原则:是对资本市场中人的行为规律的基本认识。

①自利行为原则,是指人们在进行决策时按照自己的财务利益行事,在其他条件相同的情况下人们会选择对自己经济利益最大的行动。

②双方交易原则,是指每一项交易都至少存在两方,在一方根据自己的经济利益决策时,另一方也会按照自己的经济利益决策行动,并且对方和你一样聪明、勤奋和富有创造力,因此你在决策时要正确预见对方的反应。

③信号传递原则,是指行动可以传递信息,并且比公司的声明更有说服力。信号传递原则是自利行为原则的延伸。

④引导原则,是指当所有办法都失败时,寻找一个可以信赖的榜样作为自己的引导。

(2)有关创造价值的原则:是人们对增加企业财富基本规律的认识。

①有价值的创意原则,是指新创意能获得额外报酬。

②比较优势原则,是指专长能创造价值。

③期权原则,是指在估价时要考虑期权的价值。期权是指不附带义务的权利,它是有经济价值的。

④净增效益原则,是指财务决策建立在净增效益的基础上,一项决策的价值取决于它和替代方案相比所增加的净收益。

(3)有关财务交易的原则:是人们对于财务交易基本规律的认识。

①风险—报酬权衡原则,是指风险和报酬之间存在一个对等关系,投资者必须对报酬和风险作出权衡,为追求较高报酬而承担较大风险,或者为减少风险而接受较低的报酬。

②投资分散化原则,是指不要把全部财富投资于一个公司,而要分散投资。

③资本市场有效原则,是指在资本市场上频繁交易的金融资产的市场价格反映了所有可获得的信息,而且面对新信息完全能迅速地做出调整。

④货币时间价值原则,是指在进行财务计量时要考虑货币时间价值因素。货币的时间价值是指货币在经过一定时间的投资和再投资所增加的价值。

第二章　财务管理的价值观念

一、名词解释

1. 货币时间价值(Time Value of Money)是指货币经历一定时间的投资和再投资所增加的价值,又称为资金时间价值。

2. 复利终值(Future Value)是指若干期以后复利计息下本金和利息的本利和。

3. 复利现值(Present Value)是复利终值的对称概念,是指未来一定时间的特定资金按复利计算的现在价值,或者说是将来特定本利和所需要的本金。

4. 偿债基金(Sinking Fund)是为了约定在未来某一时点清偿某笔债务或积聚一定数额的资金而必须分次等额形成的存款准备金。

5. 先付年金(Annuiy Due)是指在每期期初收付的年金。

6. 递延年金(Deferred Annutity)是指在最初若干期没有收付款项的情况下，后面若干期等额的系列收付款项。

7. 永续年金(Perpetual Annutity)是指无限期收付的年金。

8. 风险是指在一定条件下和一定时期内可能发生的各种实际结果偏离预期结果的程度。当人们承担风险时，都相应要求取得预期收益，冒的风险越大，预期收益越高。例如，投资国库券平均收益率为3.8%，而投资某一小公司的股票(风险度最高的证券)，其平均收益可能达到17.6%，两者之差(13.8%)被认为是对投资者所承担风险的补偿，即风险收益。

二、判断题

1. √ 2. × 3. √ 4. √ 5. × 6. × 7. √ 8. × 9. √ 10. √
11. × 12. √ 13. √ 14. × 15. × 16. √ 17. √ 18. √ 19. √ 20. √
21. √ 22. × 23. √ 24. √ 25. × 26. √ 27. √ 28. × 29. √ 30. ×
31. √ 32. ×

三、单项选择题

1. A 2. D 3. B 4. A 5. C 6. B 7. D 8. D 9. B 10. D

四、多项选择题

1. ABCD 2. AC 3. AC 4. BC 5. AC
6. AD 7. AC 8. ABCDE 9. ABC 10. BCD
11. ABCDE 12. CDE

五、计算分析题

1. $FV_n = 123\ 600 \times FVIF_{10\%,7}$

$= 123\ 600 \times 1.9487$

$= 240\ 859.32$(元)

从以上计算可知，7年后这笔存款的本利和为240 896.4元，比设备价格高896.4元，故7年后利民工厂可以用这笔资金的本利和购买设备。

2. $500\ 000 = A \times PVIFA_{12\%,5}$

A= 138 703.95(元)

由以上计算可知，每年应还款138 703.95元。

3. $PV_n = 3\ 000 \times PVIFA_{10\%,20}$

$= 3\ 000 \times 8.5136$

$= 25\ 540.80$(元)

4. 由先付年金终值的计算公式可知：

$V_n = 5\ 000 \times FVIFA_{9\%,10} \times (1+9\%)$

$= 5\ 000 \times 15.1929 \times 1.09$

$=82\ 801.31$(元)

或 $V_n=5\ 000\times(FVIFA_{9\%,11}-1)$

$=5\ 000\times(17.5603-1)$

$=82\ 801.50$(元)

5. $V_0=20\ 000\times(PVIFA_{6\%,9}+1)$

$=20\ 000\times(6.8017+1)$

$=156\ 034$(元)

或 $V_0=20\ 000\times PVIFA_{6\%,10}\times(1+6\%)$

$=20\ 000\times7.3601\times1.06$

$=156\ 034.12$(元)

由计算结果可知，10 年租金现值低于买价，因此租赁较优。

6. 此题属于延期年金现值的计算问题，可有两种方法计算其现值。

第一种方法为：

$V_0=5\ 000\times PVIFA_{10\%,10}\times PVIF_{10\%,10}$

$=5\ 000\times6.1446\times0.3855$

$=11\ 843.72$(元)

第二种方法为：

$V_0=5\ 000\times(PVIFA_{10\%,20}-PVIFA_{10\%,10})$

$=5\ 000\times(8.5136-6.1446)$

$=11\ 854$(元)

注：两种计算方法相差 1.28 元，是由于小数点后的尾数造成的。

7. $PVIFA_{i,10}=100/14.5=6.8966$

查 $PVIFA$ 表得：当利率为 7%时，系数是 7.0236；当利率为 8%时，系数是 6.7101。所以，利率在 6%～8%之间。利用插值法可得：

$i=7.41\%$

8. $FVIF_{8\%,n}=300\ 000/140\ 000=2.1429$

查 $FVIF$ 表得，在 8%一栏中，与 2.1429 接近但比 2.1429 小的终值系数为 1.999，其期数为 9 年；与 2.1429 接近但比 2.1429 大的终值系数为 2.1589，其期数为 10 年。所以，我们求的 n 值一定在 9 年与 10 年之间，利用插值法可得：

$n=9.9$(年)

从以上计算结果可知，需要 9.9 年，本利和才能达到 300 000 元。

9. 这里 $i=8\%$，$n=20-5=15$(年)，$A=100\times6\%=6$(元)，则目前这种债券的市场价格可用下面公式来计算：

$P_0=6\times PVIFA_{8\%,15}+100\times PVIF_{8\%,15}$

$=6\times8.5595+100\times0.3152$

$=82.88$(元)

10. 这里年利率 $i=12\%$，计息年数 $n=1$，每年的计息次数 $m=4$，因此，期利率 $r=\frac{i}{m}=3\%$，计息期数 $t=m\times n=4$。由复利现值的计算公式可计算出该种债券现值 V_0 为：

$V_0=100\times PVIF_{3\%,4}=100\times 0.8885=88.85$(元)

11. (1)先计算两家公司的期望报酬率。

麦林电脑公司的期望报酬率为：

$$\bar{k}=\sum_{i=1}^{n}x_i p_i=100\%\times 0.3+15\%\times 0.4+(-70\%)\times 0.3=15\%$$

天然气公司的期望报酬率为：

$$K=\sum_{i=1}^{n}x_i p_i=20\%\times 0.3+15\%\times 0.4+10\%\times 0.3=15\%$$

(2)再计算两家公司的标准离差。

麦林电脑公司的标准离差为：

$\delta=65.84\%$

天然气公司的标准离差为：

$\delta=3.87\%$

由以上计算结果可知，两家公司的期望报酬率相等，因此只需比较两家公司的标准离差即可判断出两家公司风险的大小。因为麦林电脑公司的标准离差大，所以麦林电脑公司的风险大于天然气公司的风险。

12. (1)计算期望报酬额。

$$x=\sum_{i=1}^{n}x_i p_i=600\times 0.3+300\times 0.5+0\times 0.2=330(\text{万元})$$

(2)计算投资报酬额的标准离差。

$$\delta=\sqrt{(600-330)^2\times 0.3+(300-330)^2\times 0.5+(0-330)^2\times 0.2}$$
$$=\sqrt{44\,100}=210(\text{万元})$$

(3)计算标准离差率。

$$V=\frac{210}{330}\times 100\%=63.64\%$$

(4)导入风险报酬系数，计算风险报酬率。

$R_R=bV=8\%\times 63.64\%=5.1\%$

(5)计算风险报酬额。

$$P_R=330\times\frac{5.1\%}{6\%+5.1\%}=151.62(\text{元})$$

13. (1)首先计算三家公司的期望报酬率。

凯西公司：$K=0.3\times 40\%+0.5\times 20\%+0.2\times 0=22\%$

大卫公司：$K=0.3\times 50\%+0.5\times 20\%+0.2\times(-15\%)=22\%$

爱德华公司：$K=0.3\times 60\%+0.5\times 20\%+0.2\times(-30\%)=22\%$

(2)计算各公司期望报酬率的标准离差。

凯西公司：

$\delta=\sqrt{(40\%-22\%)^2\times0.3+(20\%-22\%)^2\times0.5+(0\%-22\%)^2\times0.2}\times100\%$

$=\sqrt{0.0196}\times100\%=14\%$

大卫公司：

$\delta=\sqrt{(50\%-22\%)^2\times0.3+(20\%-22\%)^2\times0.5+(-15\%-22\%)^2\times0.2}\times100\%$

$=\sqrt{0.0511}\times100\%=22.6\%$

爱德华公司：

$\delta=\sqrt{(60\%-22\%)^2\times0.3+(20\%-22\%)^2\times0.5+(-30\%-22\%)^2\times0.2}\times100\%$

$=\sqrt{0.0976}\times100\%=31.24\%$

(3)计算各公司投资报酬率的标准离差率。

凯西公司：$V=\frac{14\%}{22\%}\times100\%=63.64\%$

大卫公司：$V=\frac{22.6\%}{22\%}\times100\%=102.73\%$

爱德华公司：$V=\frac{31.24\%}{22\%}\times100\%=142\%$

(4)引入风险报酬系数，计算风险报酬率。

凯西公司：$R_R=bV=8\%\times63.64\%=5.1\%$

大卫公司：$R_R=bV=9\%\times102.73\%=9.23\%$

爱德华公司：$R_R=bV=10\%\times142\%=14.2\%$

从以上计算可知，三家公司的期望报酬率均为 22%，但凯西公司的风险报酬率最低。作为一个稳健型的投资者，应投资于凯西公司。

14. 根据资本资产定价模型，分别计算如下：

$K_A=7\%+1.5\times(13\%-7\%)=16\%$

$K_B=7\%+1\times(13\%-7\%)=13\%$

$K_C=7\%+0.6\times(13\%-7\%)=10.6\%$

$K_D=7\%+2\times(13\%-7\%)=19\%$

15. 根据资本资产定价模型计算如下：

(1)市场风险报酬率$=12\%-4\%=8\%$

(2)必要报酬率$=4\%+1.5\times(12\%-4\%)=16\%$

(3)该投资计划的必要报酬$=4\%+0.8\times(12\%-4\%)=10.4\%$

因为设投资计划的必要报酬率大于期望报酬率，所以不应进行投资。

(4)$\beta=\frac{11.2\%-4\%}{12\%-4\%}=0.9$

六、简答题

1. 年金是指一定时期内每期相等金额的收付款项。折旧、利息、租金、保险费等通常表现为年金的形式。年金按付款方式可分为普通年金(或称后付年金)、即付年金(或称先付年金)、延期年金和永续年金。

后付年金是指每期期末有等额的收付款项的年金。在现实经济生活中,这种年金最为常见,因此,又称普通年金。

先付年金是指在一定时期内,各期期初等额的系列收付款项。

延期年金是指在最初若干期没有收付款项的情况下,后面若干期等额的系列收付款项。

永续年金是指无限期收付的年金。

2. 按风险的程度,可把企业财务决策分为以下三种类型:

(1)确定性决策。决策者对未来的情况是完全确定的或已知的决策,称为确定性决策。

(2)风险性决策。决策者对未来的情况不能完全确定,但它们出现的可能性——概率的具体分布是已知的或可以估计的,这种情况下的决策称为风险性决策。

(3)不确定性决策。决策者对未来的情况不仅不能完全确定,而且对其出现的概率也不清楚,这种情况下的决策称为不确定性决策。

3. 证券组合的风险可以分为两种性质完全不同的风险,即可分散风险和不可分散风险。

(1)可分散风险。可分散风险又称非系统性风险或公司特别风险,是指某些因素对单个证券造成经济损失的可能性。如个别公司工人的罢工,公司在市场竞争中的失败等。这种风险,可以通过证券持有的多样化来抵消。

(2)不可分散风险。不可分散风险又称系统性风险或市场风险,指的是由于某些因素给市场上所有的证券都带来经济损失的可能性,如宏观经济状况的变化、国家税法的变化、国家财政政策和货币政策的变化、世界能源状况的改变,都会使股票报酬发生变动。这些风险影响到所有的证券,因此,不能通过证券组合分散掉。对投资者来说,这种风险是无法消除的,故称为不可分散风险。

4. 风险报酬是指因为风险投资而得到的额外报酬。风险报酬有两种表示方法:风险报酬额和风险报酬率。所谓风险报酬额,是指投资者因冒风险进行投资而获得的超过时间价值的那部分额外报酬;所谓风险报酬率,是指投资者因冒风险进行投资而获得的超过时间价值率的那部分额外报酬率,即风险报酬额与原投资额的比率。

5. 分散风险又称非系统性风险或公司特别风险,是指某些因素对单个证券造成经济损失的可能性,如个别公司工人的罢工、公司在市场竞争中的失败。这种风险,可通过证券持有的多样化来抵消。因此,这种风险称为可分散风险。

在组合投资中,当两种股票完全负相关($r=-1.0$)时,所有的风险都可以分散掉;当两种股票完全正相关($r=+1.0$)时,从抵减风险的角度来看,分散持有股票没有好处。实际上,大部分股票都是正相关,但不是完全正相关。一般来说,随机取两种股票相关系数为+0.6左右的最多;而对绝大多数两种股票而言,r将位于+0.5~+0.7之间。在这种情况下,把两种股票组合成证券组合能抵减风险,但不能全部消除风险。

6. 不可分散风险又称系统性风险或市场风险,指的是由于某些因素给市场上所有的证券都带来经济损失的可能性，如宏观经济状况的变化、国家税法的变化、国家财政政策和货币政策的变化、世界能源状况的改变，都会使股票报酬发生变化。这些风险影响到所有的证券，因此，不能通过证券组合分散掉。因此，对投资者来说，这种风险是无法消除的，故称为不可分散风险。但这种风险对不同的企业也有不同的影响。

不可分散风险的程度，通常用β系数来计量。作为整体的证券市场的β系数为1。如果某种股票的风险情况与整个证券市场的风险情况一致，则这种股票的β系数也等于1；如果某种股票的β系数大于1，说明其风险大于整个市场的风险；如果某种股票的β系数小于1，说明其风险小于整个市场的风险。

7. 一般而言，资金的利率由三部分构成：纯利率、通货膨胀补偿和风险报酬。其中风险报酬又分为违约风险报酬、流动性风险报酬和期限风险报酬三种。

(1)纯利率。纯利率是指没有风险和没有通货膨胀情况下的均衡点利率。影响纯利率的基本因素是资金供应量和需求量，因此，纯利率不是一成不变的，它随资金供求的变化而不断变化。精确地测定纯利率是非常困难的，在实际工作中，通常以无通货膨胀情况下的无风险证券的利率来代表纯利率。

(2)通货膨胀补偿。通货膨胀已成为世界上大多数国家经济发展过程中难以医治的病症。持续的通货膨胀会不断降低货币的实际购买力，同时，对投资项目的投资报酬率也会产生影响。资金的供应者在通货膨胀情况下，必然要求提高利率水平以补偿其购买力损失，所以，无风险证券的利率，除纯利率之外还应加上通货膨胀因素，以补偿通货膨胀所遭受的损失。计入利率的通货膨胀率不是过去实际达到的通货膨胀水平，而是对未来通货膨胀的预期。

(3)违约风险报酬。违约风险是指借款人无法按时支付利息或偿还本金而给投资者带来的风险。违约风险反映借款人按期支付利息、本金的信用程度。借款人如经常不能按期支付本利，说明这个借款人的违约风险高。为了弥补违约风险，必须提高利息率，否则，借款人就无法借到资金，投资者也不会进行投资。

(4)流动性风险报酬。流动性是指某项资产能否迅速转化为现金的可能性。如果一项资产能迅速转化为现金，说明其变现能力强，流动性好，流动性风险小；反之，则说明其变现能力弱，流动性不好，流动性风险大。一般而言，在其他因素均相同的情况下，流动性风险小与流动性风险大的证券利率差距约介于1%～2%之间，这就是所谓的流动性风险报酬。

(5)期限风险报酬。一项负债，到期日越长，债权人承受的不肯定因素就越多，承担的风险也越大。为了弥补这种风险而增加的利率水平，称为期限风险报酬。

综上所述，影响某一特定借款或投资的利率主要有以上五大因素。只要能合理预测上述因素，便能比较合理地测定未来利率水平。

第三章　筹资方式

一、名词解释

1. 筹资是指企业根据其生产经营、对外投资以及调整资本结构等需要，通过一定的渠道，采取适当的方式，经济有效地筹措和集中资本的活动。

2. 普通股是股份公司依法发行的享有普通权利、股利不固定的股票。普通股是最基本的股票，具备股票的一般特征，是股份公司资本的最基本部分。

3. 优先股是股份公司依法发行的具有一定优先权的股票。这种优先权主要体现在利润分配和剩余财产分配权利上。

4. 债券是经济主体为筹集资金而发行的、用于记载和反映债权债务关系的有价证券。

5. 融资租赁又称资本租赁、财务租赁，是由租赁公司按照承租企业的要求融资购买设备，并在契约或合同规定的较长期限内提供给承租企业使用的信用性业务。

6. 可转换公司债券是指发行公司依法发行的、在一定期间内依据约定的条件可以转换成股份的公司债券。

7. 认股权证是由股份公司发行的可认购其股票的一种买入期权。它赋予持有者在一定期限内以事先约定的价格购买发行公司一定股份的权利。

8. 授信额度是指银行对借款人规定的无担保贷款的最高限额。

9. 周转信贷协定是银行具有法律义务地承诺提供不超过某一最高限额的贷款协定。

10. 补偿性余额是银行要求借款人在银行中保持按贷款限额或实际借款额的一定百分比(一般为10%～20%)计算的最低存款余额。

11. 商业信用是指在商品交易中由于延期付款或预收货款所形成的企业间的借贷关系。

12. 短期融资券是指企业依照《短期融资券管理办法》的条件和程序在银行间债券市场发行和交易、约定在一定期限内还本付息、最长期限不超过365天的有价证券。

二、判断题

1. √	2. ×	3. ×	4. ×	5. ×	6. √	7. ×	8. √	9. √	10. √
11. ×	12. ×	13. √	14. √	15. ×	16. √	17. √	18. √	19. ×	20. ×
21. ×	22. ×	23. √	24. √	25. √	26. √	27. ×	28. √		

三、单项选择题

1. A	2. C	3. A	4. D	5. C	6. C	7. A	8. B	9. D	10. D
11. A	12. C	13. C	14. B	15. C	16. C	17. D	18. B	19. D	20. A
21. C	22. C	23. D	24. C	25. C	26. A				

四、多项选择题

1. ABCD	2. ABD	3. ABDE	4. BC	5. ABCD
6. BC	7. ABCD	8. ABCD	9. AB	10. ABC
11. BC	12. ABC	13. ABC	14. ABC	15. BCD
16. ABC	17. AD	18. ABCD	19. ABCD	20. CD
21. AC	22. AD	23. CD	24. ABC	25. ABCD
26. BD	27. AC	28. ABCD	29. AC	30. ABCD

五、计算分析题

1. $I=1\,000\times10\%=100$(元)

(1)当市场利率为6%时：

$P=1\,000\times PVIF_{6\%,8}+100\times PVIFA_{6\%,8}=1\,248.38$(元)

(2)当市场利率为10%时：

$P=1\,000\times PVIF_{10\%,8}+100\times PVIFA_{10\%,8}=999.99$(元)$\approx 1\,000$(元)

(3)当市场利率为15%时：

$P=1\,000\times PVIF_{15\%,8}+100\times PVIFA_{15\%,8}=775.63$(元)

2. 每年年末应支付租金的数额：

$A=PV/PVIFA_{i,n}=200\,000/PVIFA_{15\%,5}=59\,662.31$(元)

3. 承诺费$=50\times 0.5\%=0.25$(万元)

4. (1)阳光公司实际可用的借款额$=100\times(1-15\%)=85$(万元)

(2)阳光公司借款的实际年利率$=\dfrac{6\%}{1-15\%}\times 100\%=7.06\%$

5. 云翔公司放弃现金折扣的资金成本$=\dfrac{2\%}{1-2\%}\times\dfrac{360}{30-10}=36.73\%$

六、简答题

1. 企业筹资动机归纳起来有四类，即新建筹资动机、扩张筹资动机、调整筹资动机和混合筹资动机。

(1)新建筹资动机是在企业新建时为满足正常生产经营活动所需的铺底资金而产生的筹资动机。

(2)扩张筹资动机是企业因扩大生产经营规模或追加对外投资而产生的筹资动机。具有良好发展前景、处于成长时期的企业，通常会产生扩张筹资动机。

(3)调整筹资动机是企业在不增减资本总额的条件下为了改变现有资本结构而形成的筹资动机。

(4)混合筹资动机是企业同时既为扩张规模又为调整资本结构而产生的筹资动机。

2. 目前我国企业筹资渠道主要包括：(1)国家财政资金；(2)银行信贷资金；(3)非银行金融机构资金；(4)其他企业资金；(5)民间资金；(6) 企业自留资金。

目前我国企业的筹资方式主要有以下几种：(1)吸收直接投资；(2)发行股票；(3)利用留存收益；(4)向银行借款；(5)发行债券；(6)利用商业信用；(7)融资租赁。

3. 吸收直接投资的优点如下：

(1)有利于增强企业信誉。吸收直接投资所筹集的资金属于权益资金，是企业的永久性资本，能增强企业的信誉和借款能力。

(2)有利于尽快形成生产能力。吸收直接投资不仅可以筹集现金，还可以直接获取投资者的先进设备和技术，有利于尽快形成生产能力，尽快开拓市场。

(3)有利于降低财务风险。吸收直接投资可以根据企业的经营业绩和财务状况向投资者分配利润。企业经营状况好，可向投资者多支付一些报酬；企业经营状况不好，则可少支付报酬甚至不支付报酬，因此财务风险较小。

吸收直接投资的缺点如下：

(1)资本成本较高。一般来说，采用吸收直接投资方式筹集资金所需负担的资本成本较高，特别是企业经营状况好时更是如此。

(2)企业控制权容易分散。采用吸收直接投资方式筹集资金,投资者一般都要求获得与投资数量相适应的经营管理权。如果外部投资者的投资较多,则投资者会有相当大的管理权,甚至会对企业实行完全控制,这是吸收直接投资的不利因素。

4. 普通股股东的权利如下:

(1)公司管理权。普通股股东具有对公司的管理权。普通股股东的管理权具体表现为:①表决权。出席或委托代理人出席股东大会,有权投票选举董事会成员,并对公司重大事项行使表决权。②查账权。主要是委托会计师事务所查账。③质询权。主要是对公司事务有质询权,阻止越权经营。

(2)分享盈利权。普通股股东有权从公司盈利中得到股利。普通股的股利是不固定的,主要受公司经营业绩及其分配政策的影响,并且盈利分配的方案由股东大会决定。普通股股东必须在优先股股东取得固定股息之后,才有权享受股利分配权。

(3)出售或转让股份权,即股东有权出售或转让股票。

(4)优先认股权。当公司增发普通股时,原有股东有权按持有公司股票的比例,优先认购新股票,这样做主要是保证原股东的控制权。

(5)剩余财产要求权。当公司解散、清算时,普通股股东对剩余财产有要求权,但分配顺序排在最后。

5. 普通股筹资的优点如下:

(1)发行普通股筹措资本具有永久性,无到期日,不需归还。这对保证公司对资本的最低需要、维持公司长期稳定发展极为有益。

(2)发行普通股筹资没有固定的股利负担,股利支付与否和支付多少,视公司有无盈利和经营需要而定,经营波动给公司带来的财务负担相对较小。

(3)利用普通股筹资没有固定的到期还本付息的压力,所以筹资风险较小。

(4)发行普通股筹集的资本是公司最基本的资金来源,它反映了公司的实力,能增强公司的信誉和举债能力。

普通股筹资的缺点如下:

(1)普通股的资本成本较高。首先,从投资者的角度讲,投资于普通股风险较高,相应地要求有较高的投资报酬率。其次,对于筹资公司来讲,普通股股利从税后利润中支付,不像债券利息那样作为费用从税前支付,因而不具有抵税作用。此外,普通股的发行费用一般也高于其他证券。

(2)以普通股筹资会增加新股东,这可能会分散公司的控制权,削弱原有股东对公司的控制。

6. 股票的销售方式指的是股份有限公司向社会公开发行股票时所采取的股票销售方法。股票的销售方式有两类:自销和承销。

(1)自销方式。股票发行的自销方式,是指发行公司自己直接将股票销售给认购者。这种销售方式可由发行公司直接控制发行过程,实现发行意图,并可以节省发行费用;但往往筹资时间长,发行公司要承担全部发行风险,并需要发行公司有较高的知名度、信誉和实力。

(2)承销方式。股票发行的承销方式,是指发行公司将股票销售业务委托给证券经营机构代理。这种销售方式是发行股票所普遍采用的。我国《公司法》规定,股份有限公司向社会公开发行股票,必须与依法设立的证券经营机构签订承销协议,由证券经营机构承销。

股票承销又分为包销和代销两种具体办法。所谓包销,是根据承销协议商定的价格,证券经营机构一次性全部购进发行公司公开募集的全部股份，然后以较高的价格出售给社会上的认购者。所谓代销，是证券经营机构代替发行公司代售股票，并由此获取一定的佣金，但不承担股款未募足的风险。

7. 优先股筹资的优点如下：

(1)与普通股一样，没有固定到期日，不用偿还本金。

(2)股息支付既固定，又有一定的灵活性。

(3)保持普通股股东对公司的控制权。

(4)有利于增强公司信誉和举债能力。优先股扩大了权益基础，可增强公司的资金实力。

优先股筹资的缺点如下：

(1)筹资成本高。优先股支付的股利是从税后净利中支付的，不像债券利息可以在税前支付。因此，优先股的资本成本虽低于普通股，但一般高于债务资本。

(2)优先股筹资的制约因素较多。发行优先股，通常有许多限制条款，如对普通股股利支付的限制、对公司借款的限制等，不利于公司的自主经营。

(3)财务负担重。优先股需要支付固定的股利，又不能税前列支，当公司盈利下降时，会成为公司一项较重的财务负担。

8. 公司债券发行价格的高低，取决于下述四项因素：

(1)债券面额。

债券的票面金额是决定债券发行价格的最基本因素。债券发行价格的高低，从根本上取决于债券面额的大小。一般而言，债券面额越大，发行价格越高。

(2)票面利率。

债券的票面利率是债券的名义利率，通常在发行债券之前就已确定，并注明于债券票面上。一般而言，债券的票面利率越高，发行价格也越高；反之，发行价格越低。

(3)市场利率。

债券发行时的市场利率是衡量债券票面利率高低的参照系，两者往往不一致，因此共同影响债券的发行价格。一般来说，债券的市场利率越高，债券的发行价格越低；反之，就越高。

(4)债券期限。

同银行借款一样，债券的期限越长，债权人的风险越大，要求的利息报酬就越高，债券的发行价格就可能较低；反之，可能较高。

债券发行价格的形成受诸多因素的影响，其中主要是票面利率与市场利率的一致程度。即：当票面利率高于市场利率时，以溢价发行债券；当票面利率低于市场利率时，以折价发行债券；当票面利率与市场利率一致时，以平价发行债券。

9. 债券筹资的优点如下：

(1)资金成本较低。利用债券筹资的成本比股票筹资的成本低，这主要是因为：债券持有人的投资风险比股东的投资风险低，因此要求的投资报酬率相应较低；债券利息允许在税前支付，能降低公司的实际负担；另外，债券的发行费用相对股票较低。

(2)有利于保证控制权。债券持有人无权干涉企业的管理事务，如果现有股东担心控制权旁落，则可采用债券筹资。

(3)能发挥财务杠杆作用。债券利息负担固定,在企业投资效益良好的情况下,更多的收益可用于分配给股东,增加其财富,或留归企业以扩大经营。

债券筹资的缺点如下:

(1)筹资风险高。债券有固定的到期日,并定期支付利息。利用债券筹资,要承担还本付息的义务。

(2)限制条件多。发行债券的契约书中往往有一些限制条款。这种限制比短期债务严格得多,可能会影响企业的正常发展和以后的筹资能力。

(3)筹资额有限。利用债券筹资有一定的限度,当公司的负债比率超过一定程度后,债券筹资的成本要迅速上升,有时甚至会发行不出去。

10. 长期借款筹资的优点如下:

(1)筹资速度快。长期借款的手续比发行股票、债券简单得多,得到借款所花费的时间较短,可以迅速地获取资金。

(2)借款弹性较大。在借款时,企业与银行直接商定贷款的时间、数量和利率等;在用款期间发生变动,亦可与银行再进行协商,变更借款数量及还款期限等。

(3)借款成本较低。利用长期借款筹资,其利息可在税前列支,可减少企业实际负担的成本;长期借款利率一般低于债券利率;此外,由于借款属于间接筹资,筹资费用也较少。

(4)可以发挥财务杠杆的作用。

长期借款筹资的缺点如下:

(1)筹资风险较高。借款通常有固定的利息负担和还本期限,在经营不利的情况下,可能会对企业造成较大的财务负担,故筹资风险较高。

(2)限制条件较多。企业与银行签订的借款合同中有一些限制性条款,这些条款可能会限制企业的经营活动。

(3)筹资数量有限。银行一般不愿借出巨额的长期借款,因此,利用银行借款筹资都有一定的限度。

11. 融资租赁又称资本租赁、财务租赁,是由租赁公司按照承租企业的要求融资购买设备,并在契约或合同规定的较长期限内提供给承租企业使用的信用性业务。

融资租赁包括售后租回、直接租赁和杠杆租赁三种形式。

(1)直接租赁,即承租人直接向出租人租入所需要的资产,并付出租金。

(2)售后租回,即根据协议,企业将某资产卖给出租人,再将其租回使用。

(3)杠杆租赁,涉及承租人、出租人和贷款人三方当事人。从承租人的角度来看,这种租赁与其他租赁形式并无区别,同样是按合同的规定,在基本租赁期内定期支付定额租金,取得资产的使用权。但对出租人却不同,出租人只出购买资产所需的部分资金作为自己的投资;另外,以该资产作为担保向贷款人借入其余资金。因此,它既是出租人,又是贷款人,同时拥有对资产的所有权,既收取租金又要偿付债务。如果出租人不能按期偿还借款,资产的所有权就要转归资金的出借者。

12. 融资租赁筹资的优点如下:

(1)融资速度快。融资租赁集"融资"与"融物"于一体,一般比先筹集资金再购置设备的时间要短,能很快形成生产能力。

(2)限制条款少。企业运用股票、债券、长期借款等筹资方式要受到很多条件的限制,相比而言,融资租赁的限制要少得多。

(3)设备淘汰风险小。随着科学技术的进步,设备陈旧过时的风险很高,而在融资租赁的情况下,承租企业不需要承担这种风险。

(4)财务风险小。全部租金在整个租期内分期支付,可适当减少不能偿付的风险。

(5)税收负担轻。融资租赁的租金费用可在所得税前扣除,承租企业能享受到税收上的优惠。

融资租赁筹资的缺点如下:

融资租赁筹资的主要缺点是成本较高,租金总额一般要高于设备价值的30%,在企业财务困难时,固定的租金也会构成一项较沉重的负担。另外,融资租赁方式下承租方一般不能享有设备的残值,也可视为承租方的一种机会损失。

13. 可转换公司债券筹资的优点如下:

(1)有利于降低资本成本。由于可转换债券赋予持有者一种特殊的选择权,即按事先约定在一定时间内将其转换为公司股票的选择权,因此,可转换债券的利率通常低于普通债券,减少了利息支出;转换为股票后,又可节省股票的发行费用。

(2)有利于稳定股票市价。可转换债券的转换价格通常高于公司当前股价,转换期限较长,有利于稳定股票市价。

(3)有利于调整资本结构。可转换债券转换为公司股票前是发行公司的一种债务资本,发行公司可以通过提高转换价格、降低转换比例等方法促使持有者将持有的债券转换为公司股票,即转换为权益资本。

可转换公司债券筹资的缺点如下:

(1)转股后可转换债券筹资将失去利率较低的好处。

(2)发行可转换债券后,若股价低迷或发行公司业绩欠佳,股价没有按照预期的水平上升时,持有者不愿将可转换债券转换为股票,发行公司将承受偿债的压力。

(3)回售条款的规定可能使公司遭受损失。当公司的股票价格在一定时期内连续低于转换价格并达到某一幅度时,债券持有人可以按事先约定的价格将债券回售发行公司,从而使发行公司受损。

14. 认股权证的特点如下:

(1)认股权证作为一种特殊的筹资手段,对于公司发行新债券或优先股股票具有促销作用。

(2)持有人在认股之前,既不拥有债权,也不拥有股权,只拥有股票认购权。

(3)用认股权证购买普通股票,其价格一般低于市价。

认股权证筹资的作用如下:

(1)为公司筹集额外的资金。认股权证无论是单独发行还是附带发行,都能为发行公司筹得一笔额外资金,从而增强公司的资本实力和运营能力。

(2)促进其他筹资方式的运用。单独发行的认股权证有利于将来发售股票,附带发行的认股权证可以促进其所依附证券的发行效率。而且,由于认股权证具有价值,附认股权证的债券票面利率和优先股股利率通常较低。

15. 短期借款筹资的优点如下:

(1)筹资速度快。企业获得短期借款所需时间要比长期借款短得多,因为银行发放长期贷款前,通常要对企业进行比较全面的调查分析,花费时间较长。

(2)筹资弹性大。短期借款数额及借款时间弹性较大，企业可在需要资金时借入，在资金充裕时还款，便于企业灵活安排。

短期借款筹资的缺点如下：

(1)筹资风险大。短期资金的偿还期短，在筹资数额较大的情况下，如果企业资金周转出现问题，就有可能无法按期偿付本金和利息。

(2)与其他短期筹资方式相比，资金成本较高，尤其是在补偿性余额和附加利率情况下，实际利率通常高于名义利率。

16. 商业信用筹资的特点如下：

(1)商业信用筹资最大的优越性就在于容易取得。因为对于多数企业来说，商业信用是一种持续性的借贷形式，属于自发性筹资，无需正式办理筹资手续。

(2)商业信用的资金成本。如果没有现金折扣或企业不放弃现金折扣，企业利用商业信用筹资没有成本；但是，如果企业放弃现金折扣，则要负担较高的资金成本。

(3)商业信用的期限一般较短。

第四章　资本成本和资本结构

一、名词解释

1. 资本成本是企业筹集和使用资本而承付的代价。

2. 用资费用是指企业在生产经营、对外投资活动中因使用资本而承付的费用。

3. 筹资费用是指企业在筹集资本活动中为获得资本而付出的费用。

4. 个别资本成本是指企业各种长期资本的成本，包括长期债务资本成本和权益资本成本。

5. 综合资本成本是指企业全部长期资本的总成本，通常是以各种长期资本的比重为权数，对个别资本成本进行加权平均确定的，故亦称加权平均资本成本。

6. 边际资本成本是指资金每增加一个单位而增加的成本。

7. 筹资分界点是指在保持某资本成本的条件下，可以筹集到的资金总限度。

8. 经营杠杆是指企业在经营活动中，由于固定成本的存在而导致息税前利润变动率大于销售量变动率的杠杆效应。

9. 财务杠杆是指企业在经营活动中，由于固定财务费用的存在而导致普通股每股收益变动率大于息税前利润变动率的杠杆效应。

10. 复合杠杆，亦称总杠杆，是指由于固定生产经营成本和固定财务费用的共同存在而导致的普通股每股收益变动率大于销售量变动率的杠杆效应。

11. 资本结构是指企业各种资本的价值构成及其比例关系。

12. 每股收益无差别点是指两种或两种以上筹资方案下普通股每股收益相等时的息税前利润点，亦称筹资无差别点。

二、判断题

1.×　2.×　3.√　4.√　5.√　6.×　7.√　8.×　9.×　10.√
11.√　12.×　13.√

三、单项选择题

1. A　2. B　3. C　4. C　5. A　6. C　7. D　8. C　9. C　10. B
11. B　12. A　13. D　14. A　15. C　16. E

四、多项选择题

1. ABC　2. CD　3. BCD　4. CDE　5. AC
6. ABCE　7. AC　8. AB　9. AE　10. ACE

五、计算分析题

1. 该债券的资本成本率为：

$$\frac{250\times12\%\times(1-25\%)}{250\times(1-1.3\%)}\times100\%=9.12\%$$

或$\frac{12\%\times(1-25\%)}{1-1.3\%}\times100\%=9.12\%$

2. 本次增发普通股的资本成本率为：

$$\frac{2\times80\ 000}{15\times80\ 000\times(1-3\%)}\times100\%+4\%=17.75\%$$

或$\frac{2}{15\times(1-3\%)}\times100\%+4\%=17.75\%$

3. 该优先股的资本成本率为：

$$\frac{200\times13.5\%}{200-8}\times100\%=14.06\%$$

4. $K_c=\frac{0.15}{1.2\times(1-8‰)}\times100\%+2\%=14.60\%$

$K_p=\frac{0.12}{2\times(1-5‰)}\times100\%=6.03\%$

$K_l=\frac{1\ 800\times5\%\times(1-25\%)}{1\ 800\times(1-20\%)}\times100\%=4.69\%$

$K_b=\frac{100\times8\%\times(1-25\%)}{110\times(1-30‰)}\times100\%=5.47\%$

本次筹资的综合资本成本率为：

$$K_w=14.60\%\times\frac{1\ 200}{6\ 000}+6.03\%\times\frac{1\ 000}{6\ 000}+4.69\%\times\frac{1\ 800}{6\ 000}+5.47\%\times\frac{2\ 000}{6\ 000}=7.16\%$$

5. 营业杠杆系数为：

$$DOL=\frac{280-280\times60\%}{280-280\times60\%-32}=1.4$$

财务杠杆系数为：

$$DFL=\frac{80}{80-200\times40\%-12\%}=1.14$$

联合杠杆系数为：

$DTL=1.4\times1.14=1.6$

6.(1)2006 年该企业息税前利润计算如下：

$EBIT=20\times20-20\times13-80=60$(万元)

2006 年该企业每股收益计算如下：

$$EPS_1=\frac{(60-500\times40\%\times6\%)\times(1-25\%)}{100}=0.36(\text{元})$$

(2)2006 年该企业经营杠杆系数：$DOL=2.33$

2006 年该企业财务杠杆系数：$DFL=1.25$

2006 年该企业复合杠杆系数：$DTL=2.91$

(3)2007 年该企业息税前利润增长率$=10\%\times2.33=+23.3\%$

4.2007 年该企业的每股收益计算如下：

$EPS_2=0.36\times(1+23.3\%)=0.465$(元)

7.(1)甲方案。

①各种筹资占筹资总额的比重：

长期借款：$\frac{80}{500}=0.16$　　公司债券：$\frac{120}{500}=0.24$　　普通股：$\frac{300}{500}=0.60$

②综合资本成本率：

$7\%\times0.16+8.5\%\times0.24+14.5\%\times0.60=11.86\%$

(2)乙方案。

①各种筹资占筹资总额的比重：

长期借款：$\frac{110}{500}=0.22$　　公司债券：$\frac{40}{500}=0.08$　　普通股：$\frac{350}{500}=0.70$

②综合资本成本率：

$7.5\%\times0.22+8\%\times0.08+14.2\%\times0.70=12.23\%$

(3)甲、乙两方案比较，甲方案的综合资本成本率低于乙方案，在其他情况相同的条件下，应选甲方案。

8.(1)每股收益无差别点的息税前利润的计算如下：

$$\frac{(\overline{\text{EBIT}}-240)\times(1-25\%)}{5\ 000+800}=\frac{(\overline{\text{EBIT}}-240-200)\times(1-25\%)}{5\ 000}$$

$$\text{EBIT}=1\ 690(\text{万元})$$

无差别点的每股收益为：

$$EPS_0=\frac{(1\ 690-240)\times(1-25\%)}{5\ 000+800}=\frac{(1\ 690-440)\times(1-25\%)}{5\ 000}=0.19(\text{元})$$

由于预期可实现的息税前利润 3 500 万元大于每股收益无差别点的息税前利润 1 690 万元，因此，该公司应选择发行债券筹资。

(2)按不同方案筹资后的普通股每股收益的计算如下：

$$EPS_{股}=\frac{(3\ 500-240)\times(1-25\%)}{5\ 800}=0.42(元)$$

$$EPS_{债}=\frac{(3\ 500-440)\times(1-25\%)}{5\ 000}=0.46(元)$$

六、简答题

(1)资本成本的概念。

资本成本是企业筹集和使用资本而承付的代价。资本成本是在市场经济条件下,资金所有权和资金使用权分离的产物。资本是一种特殊的商品,企业通过各种筹资渠道,采用各种筹资方式获得的资本往往都是有偿的,需要承担一定的成本。资本成本是一个重要的经济范畴。

资本成本与资金时间价值既有联系,又有区别。资金时间价值是资本成本的基础,资本成本既包括资金时间价值,又包括投资风险价值。

(2)资本成本的内容。

资本成本从绝对量的构成来看,包括用资费用和筹资费用两部分。

①用资费用。用资费用是指企业在生产经营、对外投资活动中因使用资本而承付的费用。例如,向债权人支付的利息,向股东分配的股利等。用资费用是资本成本的主要内容。长期资本的用资费用是经常性的,并随使用资本数量的多少和时期的长短而变动,因而属于变动性资本成本。

②筹资费用。筹资费用是指企业在筹集资本活动中为获得资本而付出的费用。例如,向银行支付的借款手续费,因发行股票、债券而支付的发行费用等。筹资费用与用资费用不同,它通常是在筹资时一次全部支付的,在获得资本后的用资过程中不再发生,因而属于固定性的资本成本,可视为对筹资额的一项扣除。

2. 资本成本是比较筹资方式、选择筹资方案、进行资本结构决策的依据。

资本成本有个别资本成本、综合资本成本、边际资本成本等形式,它们在不同情况下具有各自的作用。(1)个别资本成本是企业选择筹资方式的依据。(2)综合资本成本是企业进行资本结构决策的依据。(3)边际资本成本是比较选择追加筹资方案的依据。

资本成本是评价投资项目、比较投资方案和进行投资决策的经济标准。

资本成本可以作为评估企业价值的基准。

3. 经营杠杆是指企业在经营活动中,由于固定成本的存在而导致息税前利润变动率大于销售量变动率的杠杆效应。

财务杠杆是指企业在经营活动中,由于固定财务费用的存在而导致普通股每股收益变动率大于息税前利润变动率的杠杆效应。

4. 资本结构是指企业各种资本的价值构成及其比例关系。

资本结构的影响因素包括:(1)企业财务状况和发展能力;(2)投资者和经营者的态度;(3)债权人的态度;(4)行业因素;(5)税收政策。

5. 资本结构理论的代表性观点主要包括以下五种:

(1)净收益理论。该理论认为,利用债务可以降低企业的综合资本成本,在公司的资本结构中,债权资本的比例越高,公司的净收益或税后利润就越多,从而公司的价值就越高。

(2)净营业收益理论。该理论认为，资本结构与企业的价值无关，决定企业价值高低的关键因素是企业的净营业收益。按照这种观点，公司的债权资本成本率是固定的，但股权资本成本率是变动的，公司的债权资本越多，公司的财务风险就越大，股权资本成本率就越高；反之，公司的债权资本越少，公司的财务风险就越小，股权资本成本率就越低。经加权平均计算后，公司的综合资本成本率不变，是一个常数。因此，不论企业的财务杠杆程度如何，其整体的资本成本不变，企业的价值也就不受资本结构的影响。

(3)MM 理论。MM 资本结构理论的基本结论可以简要地归纳为：在符合该理论的假设之下，公司的价值与其资本结构无关。公司的价值取决于其实际资产，而不是其各类债权和股权的市场价值。

(4)代理理论。该理论认为，公司债务的违约风险是财务杠杆系数的增函数；随着公司债权资本的增加，债权人的监督成本随之提升，债权人会要求更高的利率。这种代理成本最终要由股东承担，公司资本结构中债权比率过高会导致股东价值降低。均衡的企业所有权结构是由股权代理成本和债权代理成本之间的平衡关系决定的，债权资本适度的资本结构会增加股东的价值。除债务的代理成本之外，还有一些代理成本涉及公司雇员、消费者和社会等，在资本结构决策中也应予以考虑。

(5)啄食顺序理论。1984 年，梅耶斯等学者提出了一种新的优序融资理论。优序融资理论放宽 MM 理论完全信息的假定，以不对称信息理论为基础，并考虑交易成本的存在，认为权益融资会传递企业经营的负面信息，而且外部融资要多支付各种成本，因此，企业融资一般会遵循内部融资、债务融资、权益融资这样的先后顺序。

按照啄食顺序理论，不存在明显的目标资本结构，因为虽然留存收益和增发新股均属股权筹资，但前者最先选用，后者最后选用；获利能力较强的公司之所以安排较低的债务比率，并不是由于已确立较低的目标债务比率，而是由于不需要外部筹资；获利能力较差的公司选用债权筹资是由于没有足够的留存收益，而且在外部筹资选择中，债权筹资为首选。

第五章 项目投资管理

一、名词解释

1. 初始投资：初始投资又称为原始总投资。原始总投资是企业为使项目达到设计生产能力投入的全部资金，包括建设投资和流动资金投资两项内容。

2. 建设投资包括固定资产投资、无形资产投资和开办费投资三项内容。

3. 现金流量是指投资项目在计算期内各项现金流入量与现金流出量的统称。现金流量是评价项目投资决策指标的重要数据。

4. 净现金流量是指在项目计算期内现金流入量与现金流出量之间的差额。

5. 沉没成本是指那些已被指定用途或已经发生的支出。

6. 在投资方案的选择中，如果选择了一个投资方案，则必须放弃投资于其他途径的机会，其他投资机会可能取得的收益是实行本方案的一种代价，被称为这项投资方案的机会成本。

7. 投资回收期是从项目投资建设之日起，用项目各年末未贴现的现金流将全部投资收回所需要的时间。

8. 内含报酬率是指净现值等于零时的贴现率，又称为内部收益率。

9. 现值指数是项目未来现金流量的总现值与初始投资额现值的比率，也称为现值比率或获利指数。

二、判断题

1. √ 2. × 3. × 4. √ 5. √ 6. √ 7. × 8. √ 9. × 10. √
11. × 12. × 13. × 14. × 15. × 16. √

三、单项选择题

1. B 2. A 3. C 4. B 5. B 6. B 7. A 8. D 9. C 10. D
11. C

四、多项选择题

1. ACDE 2. ABCDE 3. ABCDE 4. ABCE 5. AB
6. ACD 7. BCD 8. ABD 9. DE 10. DE
11. ACE 12. ABD 13. ACE

五、计算分析题

1. (1 080 000＋210 000＋500 000＋100 000＋50 000)×(1＋10%)＝2 134 000(元)

2. (1)为计算现金流量，必须先计算两个方案每年的折旧额：

$$甲方案每年折旧额＝\frac{200\ 000}{5}＝40\ 000(元)$$

$$乙方案每年折旧额＝\frac{240\ 000-40\ 000}{5}＝40\ 000(元)$$

先计算两个方案的营业现金流量，然后结合初始现金流量和终结现金流量编制两个方案的全部现金流量，见表5－1和表5－2。

表5－1 投资项目的营业现金流量计算表 单位：元

t	1	2	3	4	5
甲方案：					
销售收入	80 000	80 000	80 000	80 000	80 000
付现成本	30 000	30 000	30 000	30 000	30 000
折旧	40 000	40 000	40 000	40 000	40 000
税前利润	10 000	10 000	10 000	10 000	10 000
所得税	4 000	4 000	4 000	4 000	4 000
税后净利	6 000	6 000	6 000	6 000	6 000
现金流量	46 000	46 000	46 000	46 000	46 000

续表

t	1	2	3	4	5
乙方案：					
销售收入	100 000	100 000	100 000	100 000	100 000
付现成本	40 000	42 000	44 000	46 000	48 000
折旧	40 000	40 000	40 000	40 000	40 000
税前利润	20 000	18 000	16 000	14 000	12 000
所得税	8 000	7 200	6 400	5 600	4 800
税后净利	12 000	10 800	9 600	8 400	7 200
现金流量	52 000	50 800	49 600	48 400	47 200

表 5-2　　投资项目现金流量计算表　　单位:元

t	0	1	2	3	4	5
甲方案：						
固定资产投资	-200 000					
营业现金流量		46 000	46 000	46 000	46 000	46 000
现金流量合计	-200 000	46 000	46 000	46 000	46 000	46 000
乙方案：						
固定资产投资	-240 000					
营运资金垫支	-30 000					
营业现金流量		52 000	50 800	49 600	48 400	47 200
固定资产残值						40 000
营运资金回收						30 000
现金流量合计	-270 000	52 000	50 800	49 600	48 400	117 200

(2)甲方案的净现值为：

$NPV_{甲}=46\ 000\times(PVIFA_{10\%,5})-200\ 000$

$=46\ 000\times3.7908-200\ 000=-25\ 623.20$(元)

乙方案的净现值为：

$NPV=52\ 000\times(PVIF_{10\%,1})+50\ 800\times(PVIF_{10\%,2})+49\ 600\times(PVIF_{10\%,3})+48\ 400\times(PVIF_{10\%,4})+117\ 200\times(PVIF_{10\%,5})-270\ 000$

$=52\ 000\times0.9091+50\ 800\times0.8264+49\ 600\times0.7513+48\ 400\times0.683+117\ 200\times0.6209-270\ 000$

$=-37\ 654.52$(元)

由于两个方案的净现值均为负数，因此，两个方案都不选。

3. 每年折旧额$=\frac{6\ 000}{5}=1\ 200$(万元)

每年营业现金净流量$=3\ 600\times(1-30\%)-1\ 200\times(1-30\%)+1\ 200\times30\%=2\ 040$(万元)

该方案每年现金流量见表 5-3。

表 5—3

t	0	1	2	3	4	5	6	7	8
现金流量	−2 000	−2 000	−2 000	−500	2 040	2 040	2 040	2 040	2 540
尚未回收额	2 000	4 000	6 000	6 500	4 460	2 420	380	0	0

投资回收期$=6+\frac{380}{2\ 040}=6.19$(年)

净现值$=2\ 040\times(PVIFA_{10\%,4})\times(PVIF_{10\%,3})+2\ 540\times(PVIF_{10\%,8})-[2\ 000+2\ 000\times(PVIFA_{10\%,2})+500\times(PVIF_{10\%,3})]$

$=196.61$(万元)

4.(1)继续使用旧设备:

折旧$=2.7$(万元)

$NCF_0=-12.8$(万元)

$NCF_{1\sim4}=13.2\times(1-25\%)-6.5\times(1-25\%)+2.7\times25\%=5.7$(万元)

$NCF_5=5.7+2.4=8.1$(万元)

$NPV_{旧}=10.298$(万元)

$ANPV_{旧}=NPV/3.7908=2.72$(万元)

(2)更新设备:

折旧$_{新}=3.6$(万元)

$NCF_0=-32$(万元)

$NCF_{1\sim7}=14.7\times(1-25\%)-5.2\times(1-25\%)+3.6\times25\%=8.025$(万元)

$NCF_8=11.225$(万元)

$NPV_{新}=12.305$(万元)

$ANPV_{新}=NPV/5.3349=2.31$(万元)

(3)决策。

由于$ANPV_{新}<ANPV_{旧}$,因此应继续使用旧设备。

5.(1)继续使用旧设备:

旧设备年折旧$=150\times\frac{1-10\%}{10}=13.5$(万元)

旧设备账面净值$=150-13.5\times5=82.5$(万元)<变现值 100(万元)

初始现金流量$=-[100-(100-82.5)\times25\%]=-95.625$(万元)

营业现金流量$=1\ 500\times(1-25\%)-1\ 100\times(1-25\%)+13.5\times25\%=303.385$(万元)

终结现金流量$=150\times10\%=15$(万元)

继续使用旧设备净现值$=303.385\times(PVIFA_{10\%,5})+15\times(PVIF_{10\%,5})-95.625$

$=303.385\times3.7908+15\times0.6209-95.625$

$=1\ 150.0718+9.3135-95.625$

$=1\ 063.7603$(万元)

(2)更新设备：

新设备年折旧$=200\times\frac{1-10\%}{5}=36$(万元)

初始现金流量$=-200$(万元)

营业现金流量$=1\ 650\times(1-25\%)-1\ 150\times(1-25\%)+36\times25\%=384$(万元)

终结现金流量$=200\times10\%=20$(万元)

采用新设备净现值$=384\times(PVIFA_{10\%,5})+20\times(PVIF_{10\%,5})-200$

$=1\ 455.6672+12.418-200$

$=1\ 268.0852$(万元)

由于更新设备的净现值为 1 268 万元，大于继续使用旧设备的净现值 1 063 万元，因而可选择更新设备。

六、简答题

1. 企业投资的特点如下：

(1)目的性。投资是有目的的经济行为，是资金流出的经济活动，其目的无疑是为了获得报酬。

(2)时间性。投入的资金或实物要经过一段时间才能获得报酬，表明投资是一个行为过程。获取报酬的时间长短会带来报酬的稳定性与风险性。

(3)收益性。投资的目的在于报酬，只有未来报酬超过现在的价值，才能获得收益。

(4)风险性。投资具有风险性，而且未来的收益带有很大的不确定性，这种不确定性，即为投资风险。

2. 企业投资的基本目的是获取收益，以获得持续的发展，因此，投资是企业最重要的职能之一，也是企业最简单的本能。可以将企业的投资动机划分为四种类型：一是获利动机，通过投资获得更大的收益；二是扩张动机，通过投资扩大企业的经营规模；三是分散风险动机，通过投资为资金寻找新的投资方向，分散企业单一经营的风险；四是控制动机，通过投资取得对其他企业的控制权，获得上游资源或下游市场，以达到超常规发展的战略目标。

3. 按投资目的，项目投资可分为固定资产更新项目和扩大经营项目。

(1)固定资产更新项目

固定资产更新项目主要是针对已有固定资产的损耗程度对其进行替换或者改造。可细分为两种类型：一是资产重置。当原有设备或不动产已老化、不能继续使用时，重置新资产，替代原有资产。二是资产替代。当原有资产还能继续使用，但已明显技术落后、耗能加大、失去经济性时，企业为降低经营成本，提高竞争力，购置新资产而替代原有资产。

对原有资产进行更新改造是任何企业必须定期进行的，财务评价是企业更新改造决策中的重要环节之一。

(2)扩大经营项目

扩大经营是企业根据长远发展需要，为扩大产品生产规模、提高核心竞争能力而实施的较大的投资项目，如新建生产线、新建生产基地。由于可能涉及用地、厂房、设备的配套工程，因而相比固定资产的单一项目更新，其投资决策更为缜密、复杂，其风险性较高，财务决策难度更大。

4. 投资决策一般可划分为事前、事中、事后三个阶段，即项目筛选与决策、项目实施与监控、项目事后审计与评价。

(1)项目筛选与决策

主要分析各个备选方案的先进性、盈利性、项目投资的可行性、投资方式、项目寿命期、同类企业或行业内相同项目投入产出比较等。在筛选与决策过程中，对项目的现金流量及风险，贴现率、财务相关指标的计算比较最为重要。项目决策作出后撰写可行性报告，报管理层或董事会批准。

(2)项目实施与监控

需具体做好筹集项目建设资金、项目实施方案，要全方位监控资金使用、施工质量、成本支出，缜密研究资金的追加，尽力节约资金的使用，并确保项目顺利完工。

(3)项目事后审计与评价

侧重对资金使用、工程预算与支出的有效性作出评价，分析是否存在技术偏差，判断资金预算与执行的精确性，查找项目执行中的漏洞，找出影响投资的因素，为未来项目的实施提供借鉴。

5. 现值指数法的主要优点如下：其一，考虑了资金的时间价值，可以进行独立投资机会获利能力的比较；其二，在资金有限的情况下，该指标可能是评价方案的较实用的指标；其三，现值指数易于理解。

现值指数法的缺点如下：获利指数仅仅是一个比值，忽略了互斥项目之间规模上的差异。

6. 内含报酬率的主要优点如下：(1)内含报酬率考虑了货币的时间价值，反映了机会成本思想；(2)能够计算获得投资项目的真实报酬率，能够概括复杂投资项目的特性；(3)概念易于理解。

内含报酬率的缺点如下：(1)当遇到每年现金流量不相等时，需经多次测算才能求得，计算比较复杂；(2)当遇到规模不同的互斥项目时，可能诱导决策者选择偏小的投资项目，因为通常偏小规模项目的内含报酬率往往较高。

7. 在多数情况下(主要为独立项目评价)，运用净现值与内含报酬率这两种方法得出的结论是一致的，但在评价互斥项目时，有时会产生差异。其主要原因在于：投资规模不同，现金流量发生的时间不同。两个投资规模不同的项目，投资规模较小的项目可能内含报酬率较大但净现值较小。非正常现金流量的项目，企业能够按照投资方案的内含报酬率将该方案所产生的净现金流量予以再投资，并可获取不同的报酬率。

8. 贴现评价指标广泛应用的原因主要有以下几个方面：

(1)非贴现指标将不同时间点上的现金收入和支出当做毫无差别的资金进行比较，忽略了货币的时间价值因素，因而不能作出正确的投资决策。

(2)由于未考虑货币时间价值，因而投资回收期、平均报酬率指标夸大了项目的盈利水平。内含报酬率指标以预计的现金流量为基础，考虑了货币的时间价值，其计算出的报酬率更具真实性。

(3)投资回收期一般以经验或主观判断为基础来确定，缺乏客观依据。净现值和内含报酬率、获利指数以企业的资本成本为取舍依据，任何企业的资本成本都可以通过计算取得，因此这一指标符合客观实际。

(4)计算机的广泛应用与财务软件的推出，使贴现评价指标的复杂计算变得十分容易，极大地推动了贴现评价指标的推广。

第六章 证券投资管理

一、名词解释

1. 普通股是指每一股份对公司财产都拥有平等权益，即对股东享有的平等权利不加以特别限制，并能随股份有限公司利润的大小而分取相应股息的股票。普通股是最普通也是最重要的股票种类。

2. 优先股是股份有限公司发行的具有收益分配和剩余财产分配优先权的股票。

3. 蓝筹股一般是大公司发行的热门股股票，是具有业绩优良、稳定成熟、红利丰厚的公司股票。

4. 累积优先股是指在某个营业年度内，如果公司所获的盈利不足以分派规定的股利，日后优先股的股东对往年未付给的股息，有权要求如数补给。

5. 当企业利润增大时，除享受既定比率的利息外，还可以跟普通股共同参与利润分配的优先股，称为参与优先股。

6. 可转换优先股是指允许优先股持有人在特定条件下把优先股转换为一定数额的普通股。

7. 契约型基金也称信托型投资基金，我国现在证券投资基金均以契约型基金设立。它是依据信托契约通过发行受益凭证而组建的投资基金。该类基金一般由基金管理人、基金保管人及投资者三方当事人订立信托契约。

8. 公司型基金是指依公司法成立，通过发行基金股份将集中起来的资金投资于各种有价证券。公司型基金在组织形式上与股份有限公司类似，基金公司资产为投资者（股东）所有，由股东选举董事会，由董事会聘请基金管理人，基金管理人负责管理基金业务。

9. 封闭型基金是指事先确定发行总额，在封闭期内基金单位总数不变，基金上市后投资者可以通过证券市场转让、买卖基金单位的一种基金。

10. 开放型基金是指基金发行总额不固定，基金单位总数随时增减，投资者可以按基金的报价在国家规定的营业场所申购或者赎回基金单位的一种基金。

11. 金融衍生工具又称金融衍生产品，是基于或衍生于金融基础产品（如货币、汇率、利率、股票指数等）的金融工具。

12. 债券是指社会各类经济主体为筹措资金向投资者出具并且承诺支付利息和到期偿还本金的债权债务凭证。债券一般应包含以下几个基本要素：债券面值、偿还期限、利率、债券发行者名称。

13. 国际债券是指各主权国家政府或大公司及国际机构在国际金融市场上发行的债券。

14. 外国债券是指由借款人在本国以外的金融市场发行，以发行所在国货币计值还本付息的债券。

15. 欧洲债券是由借款人在本国以外的金融市场发行的不以发行国货币而以另一国货币计值的债券。

16. 金融期货就是指买卖双方在有组织的交易所内以公开竞价的形式达成的，在将来某一特定时间交割标准数量特定金融工具的协议。金融期货主要包括货币期货、利率期货和股票指数期货三种。

17. 认股权证是指由特定发行人发行的，约定持有人在规定期间内或特定到期日，有权按约定价格向发行人购买或出售标的证券，或以现金结算等方式收取结算差价的有价证券。

18. 系统性风险是指由那些能够影响整个金融市场的风险因素引起的风险，这些因素包括经济周期、国家宏观经济政策的变动等。

二、判断题

1. √　2. ×　3. ×　4. ×　5. ×　6. ×　7. √　8. ×　9. ×　10. ×
11. ×　12. ×　13. ×　14. √　15. √　16. ×　17. ×　18. ×　19. √　20. ×
21. √　22. ×　23. √　24. ×　25. √　26. √　27. ×　28. √　29. √　30. ×
31. ×　32. √　33. ×　34. √　35. ×　36. √　37. ×　38. √　39. ×　40. ×

三、单项选择题

1. C　2. B　3. D　4. C　5. B　6. A　7. A　8. C　9. A　10. C
11. B　12. C　13. C　14. D

四、多项选择题

1. ABDE　2. ACE　3. BC　4. ABCD　5. ABCDE
6. ABD　7. ABC　8. BDE　9. ABCD　10. ACD
11. ACE　12. AC　13. ABD　14. ABCE　15. ABCDE
16. ACD　17. ABDE　18. ABC　19. CD　20. ABE
21. ABDE　22. BCDE　23. BE　24. ABCDE　25. AC

五、计算分析题

1. $P=1\ 000\times8\%\times(PVIFA_{10\%,5})+1\ 000\times(PVIF_{10\%,5})$

$=80\times3.7908+1\ 000\times0.6209$

$=924.16$(元)

2. $1\ 000\times\frac{8\%}{2}\times(PVIFA_{4\%,4})+1\ 000\times(PVIF_{4\%,4})=1\ 000$(元)

3. $P=\frac{1\ 000}{(1+10\%)^{20}}=148.6$(元)

4. $P=\frac{80}{2}\times(PVIFA_{5\%,10})+1\ 000\times(PVIFA_{5\%,10})$

$=40\times7.7217+1\ 000\times0.6139$

$=922.768$(元)

5. $P=40/10\%=400$(元)

6. 用 $i=6\%$ 测算：

$80\times(PVIFA_{6\%,5})+1\ 000\times(PVIF_{6\%,5})$

$=80\times4.2124+1\ 000\times0.7473$

$=1\ 084.29$

由于折现结果小于 1 105，进一步降低折现率，$i=4\%$：

$80\times(PVIFA_{4\%,5})+1\ 000\times(PVIF_{4\%,5})$

$=80\times4.4518+1\ 000\times0.8219$

$=1\ 178.04$

$i=4\%+\frac{1\ 178.04-1\ 105}{1\ 178.04-1\ 084.29}\times(6\%-4\%)=5.56\%$

7. $V=(2\times1.12)\div(0.16-0.12)=56$(元)

8. $V=2\times(1+20\%)\times(PVIF_{15\%,1})+2\times(1+20\%)^2\times(PVIF_{15\%,2})+2\times(1+20\%)^3\times(PVIF_{15\%,3})+\frac{2\times(1+20\%)^3\times(1+12\%)}{15\%-12\%}\times(PVIF_{15\%,3})$

$=6.539+84.9=91.439$(元)

9. $K=\frac{d_1}{V}+g=1/20+10\%=15\%$

$V=\frac{d_1(1+g)}{K-g}=\frac{1\times(1+10\%)}{15\%-10\%}=\frac{1.1}{5\%}=22$(元)

六、简答题

1. 系统性风险是指由那些能够影响整个金融市场的风险因素引起的风险，这些因素包括经济周期、国家宏观经济政策的变动等。这种风险不能通过分散投资相互抵消或者削弱，因此又称为不可分散风险。系统性风险主要有以下几种不同形式：

(1)宏观经济风险，主要是由于宏观经济因素的变化、经济政策变化、经济的周期性波动以及国际经济因素的变化给股票投资者可能带来的意外收益或损失。

(2)市场风险。投资者对股票看法(主要是对股票收益的预期)的变化所引起的大多数普通股票收益的易变性，称为市场风险。

(3)通货膨胀风险(购买力风险)，是指由于通货膨胀引起的投资者实际收益率的不确定。当货币资金供应量增长过猛、出现通货膨胀时，证券的价格也会随之发生变动。

(4)利率风险。一般来说，银行利率上升，股票价格下跌；反之则反是。

(5)汇率风险。本国货币升值，有利于吸引资金进入国内市场，从而促成股票价格上涨。本国货币贬值的效应正好相反。

2. 股票的特征如下：(1) 收益性；(2)风险性；(3)无期性；(4)流通性；(5)股份的伸缩性；(6)经营决策的参与性。

3. 优先股的优先权有以下四点：

(1)公司分配盈利时，拥有优先股票的股东比持有普通股票的股东分配在先，而且享受固定数额的股息，即优先股的股息率都是固定的，普通股的红利却不固定，视公司盈利情况而定，利多多分，利少少分，无利不分，上不封顶，下不保底。

(2)当股份有限公司因解散、破产等原因进行清算时，优先股股东可先于普通股股东分取公司的剩余资产。

(3)优先股股东一般不享有公司经营参与权，即优先股股票不包含表决权，优先股股东无权过问公司的经营管理，但在涉及优先股股票所保障的股东权益时，优先股股东可发表意见并享有相应的表决权。

(4)优先股股票可由公司赎回。

4. 证券投资基金与股票、债券相比,存在以下区别:

(1)投资者地位不同。股票持有人是公司的股东,有权对公司的重大决策发表自己的意见;债券的持有人是债券发行人的债权人,享有到期收回本息的权利;基金单位的持有人是基金的受益人,体现的是信托关系。

(2)风险程度不同。一般情况下,股票的风险大于基金,债券在一般情况下,本金得到保证,收益相对固定,风险比基金要小。

(3)收益情况不同。基金和股票的收益是不确定的,而债券的收益是确定的。

(4)投资方式不同。与股票、债券的投资者不同,证券投资基金是一种间接的证券投资方式。

(5)价格取向不同。在宏观政治、经济环境一致的情况下,基金的价格主要决定于资产净值;而影响债券价格的主要因素是利率;股票的价格则受供求关系的影响巨大。

(6)投资回收方式不同。债券投资是有一定期限的,期满后收回本金;股票投资是无限期的,除非公司破产、进入清算,投资者不得从公司收回投资,如要收回,只能在证券交易市场上按市场价格变现;投资基金则要视所持有的基金形态不同而有区别:封闭型基金有一定的期限,期满后,投资者可按持有的份额分得相应的剩余资产,在封闭期内还可以在交易市场上变现;开放型基金一般没有期限,但投资者可随时向基金管理人要求赎回。

5. 目前金融衍生工具基本分为四类,即金融远期合约、金融期货、金融期权和互换。

(1)金融远期合约是指合约双方同意在未来日期按照约定价格购买或出售一定数量的金融资产。

(2)金融期货就是买卖双方在有组织的交易所内以公开竞价的形式达成的、在将来某一特定时间交割标准数量特定金融工具的协议。主要包括货币期货、利率期货和股票指数期货三种。

(3)金融期权是合约双方按约定价格、在约定日期内就是否买卖某种金融工具所达成的契约。包括现货期权和期货期权两大类。

(4)互换是指两个或两个以上当事人按共同商定的条件,在约定的时间内,交换一定支付款项的金融交易,主要有货币互换和利率互换两类。

第七章　营运资金管理

一、名词解释

1. 营运资金是指流动资产减去流动负债后的余额,是企业用于维持日常经营活动所需的资金,即企业在生产经营中可用流动资产的净额。

2. 应收账款是指企业因对外赊销产品、材料、供应劳务等而应向购货或接受劳务的单位收取的款项。

3. 信用标准是客户获得企业商业信用所应具备的最低条件,通常以预期的坏账损失率表示。

4. 信用条件是指企业接受客户信用定单时所提出的付款要求,主要包括信用期限、折扣期限及现金折扣率等。

5. 收账政策是指当客户违反信用条件,拖欠甚至拒付账款时,企业所采取的收账策略与措施。

6. 存货是指企业在日常生产经营过程中为生产或销售而储备的物资,包括材料、燃料、低值易耗品、在产品、半成品、库存商品等。

7. 缺货成本是因存货不足而给企业造成的损失，包括由于材料供应中断造成的停工损失、成品供应中断导致延误发货的信誉损失及丧失销售机会的损失等。

8. 经济批量是指能够使一定时期存货的相关总成本达到最低点的进货数量。

9. ABC 控制法就是按照一定的标准，将企业的存货划分为 A、B、C 三类，分别实行按品种重点管理、按类别一般控制和按总额灵活掌握的存货管理方法。

10. JIT(just in time)系统，又称为适时管理系统，是指在存货控制过程中，在最准确的地点，按照最标准的质量和最准确的数量，满足各个环节对存货的需求。

二、判断题

1. √ 2. × 3. × 4. × 5. √ 6. √ 7. × 8. √ 9. × 10. √
11. × 12. × 13. √ 14. √ 15. √ 16. × 17. √ 18. √ 19. √ 20. √
21. √ 22. × 23. √ 24. × 25. × 26. √ 27. √ 28. ×

三、单项选择题

1. A 2. C 3. B 4. B 5. B 6. B 7. B 8. B 9. A 10. B
11. A 12. D 13. A 14. D 15. C 16. B 17. D 18. D 19. B 20. B
21. B 22. B 23. C 24. B 25. D 26. A 27. A 28. D 29. C 30. B

四、多项选择题

1. BCDE 2. ACDE 3. ABDE 4. ABE 5. ABE
6. ABCDE 7. AB 8. ABDE 9. BDE 10. CDE
11. ACDE 12. ABD 13. ABDE 14. AB 15. ABCE
16. BCDE 17. ABC 18. AC 19. ABDE 20. ABCD
21. ACDE 22. ABCD 23. AB

五、计算分析题

1. 最佳现金持有量 Q=16 000(元)

变现次数(交易次数)=5 次(交易间隔时间 72 天)

最低现金相关总成本 TC=4 000(元)

其中:机会成本=16 000÷2×25%=2 000(元)

转换成本= 400×5 次 =2 000(元)

2. (1)A 方案:

边际贡献=840 万元　　机会成本=19.5 万元

管理成本=10 万元　　坏账损失=24 万元

应收账款成本=53.5 万元　　净收益= 786.5 万元

(2)B方案:

边际贡献=1 120万元　　机会成本=39万元

管理成本=20万元　　坏账损失=48万元

应收账款成本=107万元　　净收益 = 1 013万元

(3)结论:选B方案。

项　目	3/10,1/30,*n*/60
年赊销额	600万元
减:现金折扣	11.1万元
年赊销净额	588.9万元
减:变动成本	420万元
边际贡献	168.9万元
应收账款平均收现期	24.5天
减:应收账款机会成本	3.43万元
坏账损失	9万元
收账费用	5万元
净收益	151.47万元

计算过程如下:

现金折扣=600×(50%×3%+35%×1%)=11.1(万元)

应收账款平均收现期=50%×10+35%×30+15%×60=24.5(天)

应收账款机会成本=600/360×24.5×70%×12%=3.43(万元)

4.　　单位:元

	方案A	方案B
增减利润额	−60 000×20%=−12 000	150 000×20%=30 000
机会成本	−60 000×45/360 × 60% ×15%=−675	150 000×60/360 × 60% ×20%=2 250
管理成本	−500元	800元
坏账成本	−60 000×8%=−4 800	150 000×15%=22 500
综合影响	−6 025	4 450

结论:企业应该改变信用标准,采用B方案。

5.(1)填写下表各项:

项目 / 每次订货量(Q)	平均储存量(吨)	储存成本(元)	订货次数(次)	订货成本(元)	相关总成本(元)
400(吨)	200	12 000	90	27 000	39 000
1 200(吨)	600	36 000	30	9 000	45 000

(2)经济进货批量:$(Q^*)=\sqrt{\frac{2AF}{C}}=\sqrt{\frac{3\times36\ 000\times300}{60}}=600$(吨)

最小相关总成本$(TC)=\sqrt{2AFC}=\sqrt{2\times36\ 000\times300\times60}=36\ 000$(元)

由于此时的变动性订货成本和变动性储存成本相等,因此:

变动性订货成本=变动性储存成本=18 000(元)

6.(1)经济进货批量$(Q^*)=\sqrt{\frac{2AF}{C}}=\sqrt{\frac{2\times27\ 000\times600}{90}}=600$(千克)

(2)最小相关总成本$(TC)=\sqrt{2AFC}=\sqrt{2\times27\ 000\times600\times60}=54\ 000$(元)

(3)最佳订货次数$=\frac{A}{Q}=\frac{27\ 000}{600}=45$(次)

(4)最佳订货周期$=\frac{360}{45}=8$(天)

(5)经济批量占用资金$=\frac{Q}{2}\times$进货单价$=\frac{600}{2}\times3\ 000=900\ 000$(元)

六、简答题

1. 企业的营运资金在全部资金中占有相当大的比重,而且周转期短,形态易变,所以是企业财务管理工作的一项重要内容。企业进行营运资金管理,必须遵循以下原则:

(1)认真分析生产经营状况,合理确定营运资金的需要量;

(2)加快营运资金周转,提高资金的利用效果;

(3)合理安排流动资产与流动负债的比例关系,保证企业的短期偿债能力。

2. 企业持有一定数量的现金,主要是为了满足交易性需要、预防性需要和投机性需要。

(1)交易性需要是指满足日常业务的现金支付需要。企业为了组织日常生产经营活动,必须保持一定数额的现金余额,用于购买原材料、支付工资、缴纳税款、偿付到期债务、派发现金股利等。企业必须维持适量的现金余额,才能使业务活动正常地进行下去。

(2)预防性需要是指企业为应付意外的、紧急的情况而需要保持的现金支付能力。企业为应付紧急情况所持有的现金余额主要取决于以下三个方面:一是企业愿意承担风险的程度;二是企业对现金流量预测的可靠程度;三是企业临时举债能力的强弱。

(3)投机性需要是指企业为抓住稍纵即逝的市场机会、获取较大的利益而准备的现金余额,如捕捉机会低价购入原材料、商品,在适当的时机购入价格有利的股票和其他有价证券等。

3. 企业持有现金的成本通常由以下四个部分组成:

(1)机会成本。机会成本是指企业因持有一定数量的现金而丧失的再投资收益。

(2)管理成本。管理成本是指企业因持有一定数量的现金而发生的各项管理费用,如管理人员的工资、安全措施费等。

(3)转换成本。转换成本是指企业用现金购入有价证券以及转让有价证券换取现金而付出的交易费用,如委托买卖佣金、手续费、证券过户费、交割手续费等。

(4)短缺成本。短缺成本是指因现金持有量不足又无法及时通过有价证券变现加以补充而给企业造成的损失。

4. 现金的日常管理包括：

(1)现金收入的管理。企业在收款时，应尽量加速收款，即在不影响未来销售的情况下，尽可能地加快现金的收回。企业加速收款的任务不仅是要尽量使顾客早付款，而且要尽快地使这些付款转化为可用现金。为达到以上要求，可采用以下措施：

①银行业务集中法。银行业务集中法是指通过设立多个策略性的收款中心来代替通常在公司总部设立的单一收款中心，以加速账款回收的一种方法。

②邮政信箱法。邮政信箱法又称锁箱法，是通过承租多个邮政信箱，以缩短从收到顾客付款到存入当地银行的时间的一种现金管理办法，这是西方企业加速现金流转的一种常用方法。

(2)现金支出的管理。企业在管理支出时，应尽量延缓现金支出的时间。在西方财务管理中，控制现金支出的方法有以下几种：

①合理利用“浮游量”。所谓现金的“浮游量”，是指企业账户上的存款余额与银行账户上所示的存款余额之间的差额。

②控制支出时间。企业在不影响自己信誉的前提下，尽可能地推迟应付款的支付期，充分运用供货方所提供的信用优惠。

5. 企业在采取赊销方式促进销售的同时，会因持有应收账款而付出一定的代价，这种代价即为应收账款的成本。其内容包括：

(1)机会成本。机会成本是指因资金投放在应收账款上而丧失的其他收入，如投资于有价证券，便会有利息收入。

(2)管理成本。管理成本是指企业对应收账款进行管理而发生的开支，主要包括对客户的资信调查费用、应收账款记录分析费用、收账费用和其他费用。

(3)坏账成本。坏账成本是指因应收账款无法收回而给企业带来的损失。

6. 企业的信用政策包括信用标准、信用条件和收账政策三部分内容。

(1)信用标准。信用标准是客户获得企业商业信用所应具备的最低条件，通常以预期的坏账损失率表示。信用标准是企业评价客户等级，决定给予或拒绝客户信用的依据。

(2)信用条件。信用条件是指企业接受客户信用定单时所提出的付款要求，主要包括信用期限、折扣期限及现金折扣率等。

(3)收账政策。收账政策是指当客户违反信用条件，拖欠甚至拒付账款时企业所采取的收账策略与措施。

7. 客户资信程度的高低通常决定于五个方面，即客户的信用品质(Character)、偿付能力(Capacity)、资本(Capital)、抵押品(Collateral)、经济状况(Conditions)，简称“5C”系统。

(1)信用品质。信用品质是指客户履行偿债义务的可能性。信用品质是决定是否给予客户信用的首要因素。

(2)偿付能力。偿付能力是指客户偿还债务的能力。

(3)资本。资本反映了客户的经济实力与财务状况的优劣，是客户偿付债务的最终保证。

(4)抵押。抵押是指客户拒付款项或无力支付款项时能被用作抵押的资产。

(5)条件。条件是指可能影响顾客偿债能力的经济环境。

8. 存货的成本主要包括以下内容：

(1)进货成本。进货成本主要由存货的购置成本和订货成本两个部分构成。购置成本是指存货本身的价值，等于采购单价与采购数量的乘积。订货成本是指企业为组织进货而开支的费用，如与材料采购有关的办公费、差旅费、邮资、电话电报费、运输费、检验费、入库搬运费等支出。

(2)储存成本。储存成本是指为持有存货而发生的费用，主要包括仓储费、保险费、存货占用资金的应计利息(或机会成本)等。

(3)缺货成本。缺货成本是因存货不足而给企业造成的损失，包括由于材料供应中断造成的停工损失、成品供应中断导致延误发货的信誉损失及丧失销售机会的损失等。

9. 存货 ABC 控制法就是按照一定的标准，将企业的存货划分为 A、B、C 三类，分别实行按品种重点管理、按类别一般控制和按总额灵活掌握的存货管理方法。

分类的标准主要有两个：一是金额标准，二是品种数量标准。其中，金额标准是最基本的，品种数量标准仅作为参考。

A 类存货的特点是金额巨大，但品种数量较小；B 类存货金额一般，品种数量相对较多；C 类存货品种数量繁多，但价值金额却很小。

第八章　利润及利润分配管理

一、名词解释

1. 营业收入是指企业在销售商品、提供劳务及让渡资产使用权等日常活动中形成的、会导致所有者权益增加的、与所有者投入资本无关的经济利益总流入。

2. 主营业务收入是指企业为完成其经营目标所从事的经常性活动所实现的收入，也称为基本业务收入。

3. 其他业务收入是指企业为完成其经营目标所从事的与经常性活动相关的活动实现的收入，也称附营业务收入。

4. 利润是指企业在一定会计期间实现的经营成果，是企业在一定会计期间生产经营活动后所取得的全部收入抵补全部支出后的余额。

5. 营业利润是以营业收入为基础，减去营业成本、营业税金及附加、销售费用、管理费用、财务费用、资产减值损失，加上公允价值变动收益(减去公允价值变动损失)和投资收益(减去投资损失)后计算得出的。营业利润是企业从事主要的、基本的生产经营活动所取得的利润。

营业利润是企业在一定时期内从事经营活动所取得的利润，是企业利润的最主要来源。

6. 营业外收入是指企业发生的与其日常活动无直接关系的各项利得。主要包括非流动资产处置利得、盘盈利得、罚没利得、捐赠利得、确实无法支付而按规定程序经批准后转作营业外收入的应付款项等。

7. 营业外支出是指企业发生的与其日常活动无直接关系的损失。主要包括非流动资产处置损失、盘亏损失、罚款支出、公益性捐赠支出、非常损失等。

8. 净利润是指利润总额减去所得税费用后的金额，也称为税后净利润，是企业所有者权益的净增加额。

9. 息税前利润是指企业支付利息和缴纳所得税之前的利润。

10. 税前利润是指企业的息税前利润扣除利息费用后的余额，是企业所得税的计税依据，也称为利润总额。

11. 盈余公积金是企业按规定从净利润中计提的、用于增强企业自我发展和承受风险能力的资金，计提盈余公积金是利润分配的重要形式。盈余公积金包括法定盈余公积金和任意盈余公积金。

12. 剩余股利政策是指企业在分配税后利润，确定股利支付率时，首先考虑盈利性投资项目的资金需要，将可供分配的税后利润先用于满足投资项目所需的权益性资金，若还有剩余，才将剩余的税后利润用于发放股利，若没有剩余，就不发放股利。

13. 股票分割又称股票拆细，是指按照总值不变的原则，将一张面额较高的股票分割为儿张面额较低的股票的行为。

14. 股票回购是指公司出资购入发行在外的本公司股票。这部分已购回的股票，通常称为“库藏股”。

15. 股利无关论（MM 理论）认为，股利政策对公司的市场价值（或股票价格）不产生影响。

16. 股利相关论认为，股利分配不仅与股票价格有关，而且与公司的资产价值有关。也就是说，股利分配可对公司的股票价格和资产价值产生影响，因此，股利分配政策是公司一种重要的财务手段。

17. 股利宣告日即公司董事会将股利支付情况予以公告的日期。公告中将宣布每股支付的股利、股权登记期限、除去股息的日期和股利支付日期。在股利宣告日，公司应将决定支付的股利总额作为负债确认，同时通知股东办理手续，届时领取股利。

18. 股权登记日是指公司规定的能获取此项股利分配的股东有资格登记截止日期，也称为除权日。只有在股权登记日登记在册的股东，才有权领取股利。

19. 除息日是指领取股利的权利与股票相分离的日期。在除息日前，股利权利从属于股票，持有股票者即享有领取股利的权利；自除息日开始，股票权利与股票相分离，新购入股票的人不能分享股利，有时除权日与除息日为同一日。

20. 股利支付日是指实际发放股利给股东的日期，也称为付息日。

二、判断题

1. ×	2. ×	3. ×	4. ×	5. √	6. ×	7. ×	8. √	9. ×	10. ×
11. √	12. √	13. ×	14. ×	15. ×	16. √	17. √	18. ×	19. ×	20. √
21. ×	22. ×	23. √	24. ×	25. ×	26. ×	27. √	28. ×	29. √	30. √
31. √	32. √	33. √	34. √	35. √	36. ×	37. ×	38. √	39. ×	40. √
41. √	42. ×	43. √	44. ×	45. √	46. ×	47. ×	48. √	49. ×	50. √
51. ×	52. √	53. ×	54. √	55. √					

三、单项选择题

1. B	2. C	3. B	4. B	5. C	6. B	7. B	8. B	9. A	10. B

11. C 12. C 13. A 14. B 15. C 16. C 17. B 18. B 19. B 20. D
21. A 22. D 23. C 24. A 25. D 26. B 27. A 28. C 29. C 30. B
31. D 32. D 33. C 34. A 35. D 36. C 37. C 38. B 39. B 40. B

四、多项选择题

1. ACD 2. BC 3. AD 4. CD 5. ABC
6. ABC 7. BD 8. ABCD 9. ABCDE 10. AD
11. ABC 12. ABCD 13. AB 14. ABC 15. ABC
16. ABCD 17. DE 18. ABD 19. ABCD 20. ABC
21. BCDE 22. BCD 23. ABD 24. ACD 25. AC

五、计算分析题

1.(1)在继续执行固定股利支付率政策的情况下：

该公司 2009 年每股盈利＝1 000÷400 ＝2.5(元)

股利支付率＝1÷2.5×100％＝40％

该公司 2009 年要支付的股利＝1 000×40％＝400(万元)

(2)采用剩余股利政策的情况下：

投资方案所需要的权益资本额＝1 200×60％＝720(万元)

该公司 2009 年可用于发放的股利额＝1 000－720＝280(万元)

2. 股利宣告日：4 月 9 日；股权登记日：4 月 22 日；除息日：4 月 23 日；
股利支付日：5 月 8 日至 5 月 23 日期间某一天。

3.(1)发放股票股利后的普通股股数＝240×(1＋10％)＝264(万股)

发放股票股利后的普通股股本＝ 4×264＝1 056(万元)

发放股票股利后的未分配利润＝2 016－20×24＝1 536(万元)

发放股票股利后的资本公积金＝384＋(16×24)＝768(万元)

发放股票股利后的股东权益总额＝1 056＋1 536＋768＝3 360(万元)

每股收益＝6 000/264＝22.73(元/股)

每股净资产＝3 360/264＝12.73(元/股)

(2)发放股票股利前的普通股股数＝240(万股)

发放股票股利后的普通股股数＝240×(1＋10％)＝264(万股)

发放股票股利后的普通股股本＝ 4×264＝1 056(万元)

发放股票股利后的资本公积金＝384＋(1 624×24)＝768(万元)

现金股利＝0.2×240＝48(万元)

发放股票股利、现金股利后的未分配利润＝2 016－20×24－48＝1 488(万元)

发放股票股利、现金股利后的股东权益总额＝1 056＋768＋1 488＝3 312(万元)

每股收益＝6 000/264＝22.73(元/股)

每股净资产＝3 312/264＝12.55(元/股)

(3)分割后的股数为960万股(240×4)，股东权益项目金额不变。

每股收益＝6 000/960＝6.25(元/股)

每股净资产＝3 360/960＝3.50(元/股)

六、简答题

1. 营业收入的特征主要有：

(1)营业收入来自于企业日常经营活动中形成的经济利益的总流入。

营业收入从企业的日常活动中产生，而不是从偶发的交易事项中产生。有些交易事项也能为企业带来经济效益，但并非企业的经常性活动，其流入的经济利益是利得而不是收入。利得通常是指不经过经营过程就能取得，或属于企业不曾期望获得的收益。比如，工业企业出售固定资产、无形资产等，因固定资产、无形资产是为使用而不是为出售而购入或自建、自创的，出售固定资产、转让无形资产等并非是企业的日常经营活动，所以，出售固定资产或转让无形资产取得的收益并不作为营业收入。

(2)营业收入可以表现为企业资产的增加或负债的减少。营业收入可能表现为企业资产的增加，如通过销售产品、提供劳务等取得银行存款或增加应收账款；也可能表现为减少企业负债，如减少预收账款；或者两者兼而有之，如在企业销售产品中部分货款收到现金，部分减少预收账款。

(3)营业收入会导致企业所有者权益的增加。营业收入的取得会增加企业的资产或减少其负债，也可能表现为两者兼而有之，从而导致企业所有者权益的增加。企业通过实现营业收入而取得盈利，收入的增加是利润增加的主要途径之一。

(4)营业收入不包括为第三者或客户代收的款项。营业收入只包括本企业经济利益的流入，不包括为第三方或客户代收的款项，如增值税、代收的利息等。代收的款项在增加企业资产的同时也增加了企业的负债，并不增加企业的所有者权益，也不属于本企业的经济利益，所以不能作为本企业的收入。

2. 股利政策对公司财务活动的影响主要表现在两个方面：

(1)影响公司的外部筹资能力。证券投资者在证券市场上选择有价证券时要考虑两个重要因素：股利的收益和资金的安全性。所以，发行证券公司良好的财务形象和较高的投资收益率是吸引投资者选择投资方向的重要依据。公司的股利政策合适，使投资者获得较高的收益，就能吸引更多的投资者，从而提高公司的再筹资能力；如果股利政策不合适，保留盈余过多，股利支付过少，债权人和股东会以为公司的经营状况和盈利能力不佳，失去对公司投资的信心，从而不利于公司以后的外部筹资。

(2)影响公司的积累能力。合适的股利政策，使公司增加积累，利用保留盈余进行内部融资，可以减少公司支付股利和债券利息，节约筹资费用。同时，利用保留盈余内部融资还可以使投资者获得捐税上的利益，因为资本收益的税率比股利的税率要低；反之，如果在实现的净收益中股利支付过多，将直接影响公司的内部积累能力。所以，通过合适的股利政策提高积累能力是公司积累资金的重要方式。

3. 除国家另有规定外，一般企业的税后利润应按以下顺序分配：

(1)用于抵补被没收财物损失，支付违反税法规定的各种滞纳金。

(2)弥补超过所得税前利润抵补期限，按规定须用税后利润弥补的亏损。

(3)按税后利润扣除前两项后的10％计提法定盈余公积金，基数与可供分配利润数不一定一致，这是因为税法与会计上对利润的确认不一致的缘故。公司不能在没有累计盈余的情况下提取法定盈余公积金。

(4)向投资者分配利润,企业以前年度未分配利润可以并入本年度向投资者分配。

利润分配必须严格按照上述顺序依次进行,凡是上项内容未分配完成,不得进行下一项内容的分配。

4. 股利相关论的流派较多,但比较具有代表性的主要有以下三种:

(1)"一鸟在手"理论。一般来说,投资者比较倾向于现实,因此,对于股利收益与资本收益的选择是以可靠性为前提的,从投资者的角度看,眼前的股利收益无论从时间还是风险上都比由留存收益转作投资而在将来产生资本收益更有吸引力。因此,投资者宁愿以较高的价格购买现在就支付较高股利的股票,也不愿意购买将来才有较高资本收益和较高股利的股票。这样,如果把将来较高的资本收益和较高的股利比喻为"双鸟在林",把现在就支付的较高股利比喻为"一鸟在手",那么,"双鸟在林"不如"一鸟在手"。

(2)信息传递理论。这一理论与"一鸟在手"理论有密切联系。该理论认为,股利分配向投资者传递了企业的盈余状况、资金状况以及其他相关的财务信息。例如,一个公司过去股利支付一直比较稳定,而现在股利支付率发生了较大变化,那么,投资者会形成公司的财务状况或盈余状况有较大变动的印象,公司的股票价格也会产生相应变化。因此,股利的支付是表明公司有良好理财和融通资金能力的重要证据,可以采用公司的股利政策对股票价格施加影响。

(3)假设排除理论。这种理论认为,股利无关论假设的一系列条件在现实生活中是完全不存在的。例如,完善的资本市场尚未出现,股票交易不可能不存在交易成本,投资者对公司的投资机会不可能完全了解,不可能不存在税收等。如果排除这些假设,股利政策毫无疑问会对股票价格产生影响。

5. 常用的股利政策主要有以下几种类型:

(1)剩余股利政策(投资优先政策)。剩余股利政策是指企业在分配税后利润,确定股利支付率时,首先考虑盈利性投资项目的资金需要,将可供分配的税后利润先用于满足投资项目所需的权益性资金,若还有剩余,才将剩余的税后利润用于发放股利;若没有剩余,就不发放股利。这种政策主要是考虑未来投资机会的影响,即当企业面临良好的投资机会时,在目标资金结构的约束下,最大限度地使用留存收益来满足投资方案所需的自有资金数额。

(2)固定股利政策。在固定股利政策下,一个较长的时期内,不论经济情况如何,也不论公司经营状况好坏,每期都按固定的每股股利额支付给股东。采用这种政策的企业,大多属于收益比较稳定或正处于成长期、信誉一般的企业。

(3)增长的股利政策。增长的股利政策是指在发放固定股利的基础上,公司根据经营情况使每股股利逐期增长,并做到多收益多分配,少收益照样分配。因此,采用这种政策,对公司的盈余和现金要求较高。

(4)固定股利支付率政策。固定股利支付率政策是公司确定一个股利占盈余的比率,长期按这一比率从税后利润中支付股利。

(5)低正常股利加额外股利政策。这种政策是指在一般情况下,公司每年只支付固定的、数额较低的股利,当公司盈余较多时,再根据实际盈余情况,向股东临时发放一些额外股利。

6. 企业常用的股利支付方式主要有：

(1)现金股利是以现金支付股利的一种形式，它是公司常用的、最易被投资者接受的股利支付方式。这种形式能满足大多数投资者希望得到一定数额的现金这种实在收益的要求。由于采用这种形式增加了公司现金流出量，因而增加了公司支付压力。因此，采用现金股利形式时，公司必须具备两个基本条件：一是公司要有足够的未指明用途的留存收益(未分配利润)，二是公司要有足够的现金。

(2)股票股利是公司以增发的股票作为股利的支付方式。由于股票股利既不改变所有者权益数量，股东也没有获得现金，一般不须缴纳个人所得税。但是，股票股利会对公司的资本结构、财务风险、股价等产生影响。

(3)财产股利是以现金以外的资产支付的股利，主要是以公司持有的其他公司的证券如债券、股票等作为股利支付给股东。

(4)负债股利是公司以负债支付的股利。这种股利比较少见。负债股利一般是以公司的应付票据支付给股东，在不得已的情况下，也有发行公司债券抵付股利。负债股利一般是在公司财务状况不佳的情形下采用的，以这种形式支付股利，会对公司的股票价格产生负面影响。

财产股利、负债股利实际上是现金股利的替代，这两种股利支付方式目前在我国公司股利支付实务中很少采用。

7. 股票分割又称股票拆细，是指按照总值不变的原则，将一张面额较高的股票分割为几张面额较低的股票的行为。股票分割的意义可以从以下几个方面分析：

(1)从公司的角度分析，股票分割的意义主要在于：

①降低股价。公司股票价格过高，形成交易不便，影响公司股票的流通性。即使购买少数股票，也需要大量资金。例如，每股市价 20 元，购买 5 000 股即需要 10 万元，这对于小额投资者而言，无疑将抑制其投资热情。而在这种情况下，公司将股票予以分割，降低股票面额，增加股数，便有可能降低股价，从而吸引小额投资者。如上例市价为 20 元的股票，假定其面额为 5 元，现公司按 1 股换成 5 股的比例，将其拆细，则面额降低为每股 1 元，流通的普通股股数将变为原来的 5 倍，市价也可能因此而下降为 4 元，这时便能吸引更多的投资者，从而扩大公司股票的流通。

②传递良好信息。一般而言，股票分割往往是成长中的公司所为，它意味着公司想以较低的发行价格吸引投资者购买公司的新股票，也意味着公司的投资机会较多，发展前景良好。因此，有利于公司股票价格的上升。

(2)从公司股东方面分析，表面上股东并不因此而直接获益，但事实上，股票分割在有些情况下，对股东是有益的。例如，股票分割使股票市价下降，有助于吸引更多的投资者，从而造成股价回升，投资者最终获益。又如，只要股票分割后公司发放的现金股利下降幅度小于股票分割幅度，股东仍能获取现众股利，又由于股东所持股票数量增加，最终获得的实际股利有所增加。

8. 股票股利是股利支付的一种形式。它以公司增发的股票作为股利。企业发放股票股利无论对股东还是对公司，都具有特殊意义。

(1)从股东方面分析，股票股利的意义在于：

①股票价值上升的利益。前面举例假定发放股票股利后，公司的股票价格随之成比例变化。但事实上，许多公司发放股票股利后其股价并不成比例下降；一般在发放少量股票股利后，不会引起股价的

立即变化。这可使股东得到股票价值相对上升的好处。同时，发放股票股利通常是成长中的公司所为，因此，投资者认为这在向他们暗示公司的良好前景，这种心理往往有利于股价的上升。

②投资的灵活性和税收上的好处。大多数股东是愿意接受股票股利的，因为他们如想获取现金，可以随时将这部分股票出售而获取现金，如认为公司前景良好，则可以较长期持有股票，以期获取更大收益。这样对股东来讲，具有较大的主动权。而且，有些国家税法规定出售股票所需缴纳的资本利得税率比收到现金股利所需缴纳的所得税率低，因此，投资者还可以获得纳税上的好处。

(2)从公司方面分析，股票股利的意义在于：

①有利于再投资。当公司有良好的投资机会需要大量现金以扩展业务时，发放股票股利是一种既不减少公司现金资产，又能使股东分享公司盈余的两全其美的做法。

②有利于股票的流通。当某些公司经营良好、股票市价上升过快时，反而使投资者产生恐惧心理，害怕风险太大，不利于大量交易。这时公司发放股票股利，能增加流通在外的股数，从而使股价相应回落，有利于股票的流通，从而吸引更多的投资者。当发放的股票股利量较大时，这种作用尤为明显。

③费用大。发放股票股利的费用比现金股利的费用大，会增加公司的负担。这也是股票股利的不足之处。

9. 股票分割和股票股利的共性和不同可以从以下几个方面来看：

(1)从两者对公司的影响来看，共同之处在于公司股东权益总额均不变。不同之处在于股票股利将使股本总数扩大，公司留存收益可能减少，每股面额不变；而股票分割则不影响公司的股本总额和留存收益，仅使每股面额变小。

(2)从两者对市场的影响来看，共同之处在于都对投资者传递了较为积极的信息。不同之处在于股票分割必定能够促使股票市价下降，而股票股利则不一定。一般来说，股票股利的数额较大时，才可能使股票市价大幅下降。因此，只有在公司股价急剧上涨且预期难以下降时，才较多采用股票分割的方法降低股价；而在公司股价上涨幅度不大时，通常采用发放股票股利的方法将股价维持在理想的范围之内。

(3)在实践中，它们还有一个重要的区别。公司通常用股票股利分派小额股利，用股票分割分派大额股利。如纽约股票交易所规定：公司在进行比例低于25%的股票分派时，不能使用股票分割，而应使用股票股利。

10. 股票回购是指公司出资购入发行在外的本公司股票。公司在确定回购方案时，应分析影响股票回购决策的重要因素。

(1)向个人投资者回购股票的税收优势。股利收益和资本收益的税负通常不对称。这就使个人投资者偏好资本收益而非股利，而公司投资者正好相反。这种区别正是股利政策税收差异观点的基础。由于税负不对称，当公司回购股票而非支付现金股利时，通常能降低应税个人投资者的税收负担，从而使其实现更多财富。因此，如果公司股东大部分是个人，则股票回购能够带来税收优势。

(2)对可能出现的被收购兼并的控制。现代经济的发展，使收购和被收购、兼并和被兼并成为经济生活中不可或缺的一部分。在有可能出现恶意收购的情况下，及时回购本公司股票，可以提高公司股票价格，从而降低他人对本公司收购兼并的概率。

(3)对资本结构调整的影响。一般而言，公司的资本结构应保持在一个理想的目标结构水平。但影响公司资本结构的因素很多，因此，公司的目标资本结构常会出现偏离的现象。如果公司的负债比率过低，通过股票回购可提高负债比率，充分发挥财务杠杆的作用，并因此较多地享受利息税。

(4)对投资者反应的把握。股票回购像股利政策一样，给投资者传递了一定的信息。在正面信息中，股票回购可能表明公司对未来充满信心；但也有可能成为一个公司缺少具有吸引力的投资机会的信息。

(5)投资者对宣告股票回购方案的反应受公司在公开报告中对方案的说明以及股票回购方案的影响。当公司有一个明确的目标时，宣布这个目标很可能会使投资者作出有利反应。另外，直接向股东收购股票对股东财富的影响，通常要比公开市场回购更为重大和持久。

第九章　财务预算

一、名词解释

1. 财务预算是企业在预算期内预计现金收支、经营成果和财务状况的预算。它是企业全面预算的一个重要组成部分，是企业财务工作的一个重要环节。具体包括反映现金收支的现金预算、反映企业财务状况的预计资产负债表、反映企业财务成果的预计损益表和预计流量表等内容。

2. 全面预算是根据企业目标所编制的经营、资本、财务等年度收支总体计划，包括特种决策预算、日常业务预算与财务预算三大内容。

3. 固定预算方法简称固定预算，或称静态预算，是指在编制预算时，只根据预算期内正常的、可实现的某一固定业务量(如生产量、销售量)水平作为唯一基础来编制预算的一种方法。固定预算方法存在适用性差和可比性差的缺点。

4. 弹性预算方法简称弹性预算或变动预算或滑动预算，是指为克服固定预算方法的缺点而设计的，以业务量、成本和利润之间的依存关系为依据，以预算期可预见的各种业务量水平为基础，编制能够适应多种情况预算的一种方法。

5. 增量预算方法简称增量预算，又称调整预算方法，是指以基期成本水平为基础，结合预算期业务量水平及有关影响成本因素的未来波动情况，通过调整有关原有费用项目而编制预算的一种方法。

6. 零基预算方法的全称为“以零为基础编制计划和预算的方法”，简称零基预算，是指在编制成本费用预算时，不考虑以往会计期间所发生的费用项目或费用数额，而是将所有的预算支出均以零为出发点，一切从实际需要和可能出发，逐项审议预算期内各项费用的内容及开支标准是否合理，在综合平衡的基础上编制费用预算的一种方法。

7. 定期预算方法简称定期预算，是指在编制预算时以不变的会计期间(如日历年度)作为预算期的一种编制预算方法。

8. 滚动预算方法简称滚动预算，又称连续预算或永续预算，是指在编制预算时，将预算期与会计年度脱离，随着预算的执行不断延伸补充预算，逐期向后滚动，使预算期永远保持为一个固定期间的一种预算编制方法。

二、判断题

1. √　2. ×　3. ×　4. ×　5. ×　6. ×　7. ×　8. ×　9. √　10. √
11. ×　12. ×　13. ×　14. √　15. ×　16. √　17. ×　18. ×

三、单项选择题

1. A　2. B　3. D　4. A　5. B　6. B　7. B　8. A　9. D　10. D
11. A　12. B　13. D　14. D　15. B　16. A　17. C　18. B　19. C

四、多项选择题

1. ABCD　2. ACD　3. CD　4. AC　5. BCD
6. ABCD　7. ABCD　8. ABC　9. ABCD　10. ABCD
11. ABCD　12. CD　13. ABC　14. ABCDEFG　15. ABCD
16. ABDE　17. ABCDE　18. ACDF　19. ABCD

五、计算分析题

1. 编制长虹公司的生产预算及直接人工预算，如表9－1、表9－2所示。

表9－1　　长虹公司生产预算

20××年度　　单位：件

项　目	一季度	二季度	三季度	四季度	全年合计
预计销售量	5 000	6 000	8 000	7 000	26 000
加：预计期末存货	600	800	700	600	600
减：期初存货量	750	600	800	700	750
预计生产量	4 850	6 200	7 900	6 900	25 850
单位产品材料消耗定额（千克）	2	2	2	2	2
预计直接材料消耗量（千克）	9 700	12 400	15 800	13 800	51 700
单位产品工时定额（工时）	5	5	5	5	5
预计生产需要定额工时总量	24 250	31 000	39 500	34 500	129 250

表9－2　　长虹公司直接人工预算

20××年度

项　目	一季度	二季度	三季度	四季度	全年合计
预计生产量（件）	4 800	6 200	7 900	6 900	25 850
单位产品工时定额（工时）	5	5	5	5	5
预计生产需要定额工时总量	24 250	31 000	39 500	34 500	129 250
单位工时的工资额（元）	0.6	0.6	0.6	0.6	0.6
预计直接人工成本（元）	14 550	18 600	23 700	20 700	77 550

2. 编制中华公司制造费用弹性预算，如表9－3所示。

表 9—3 **中华公司制造费用弹性预算**

20××年度 单位:元

直接人工工时	分配率	3 000 工时	4 000 工时	5 000 工时	6 000 工时
变动制造费用					
间接人工	0.10 元/工时	300	400	500	600
物料费	0.15 元/工时	450	600	750	900
维护费	0.08 元/工时	240	320	400	480
水电费	0.20 元/工时	600	800	1 000	1 200
小　计	—	1 590	2 120	2 650	3 180
固定制造费用					
间接人工		3 000	3 000	3 000	3 000
折旧费		5 000	5 000	5 000	5 000
维护费		2 000	2 000	2 000	2 000
水电费		1 000	1 000	1 000	1 000
小　计		11 000	11 000	11 000	11 000
制造费用合计		12 590	13 120	13 650	14 180

3.(1)销售预算如表 9—4 所示。

表 9—4 **宏达公司 2009 年销售预算** 单位:元

产品名称	全年合计		
	预计销售量	预计单价	预计销售收入
甲	3 000 件	100	300 000
乙	2 000 件	80	160 000
合　计	460 000		
①销售环节税金现金支出	23 000		
②收回前期应收货款	130 000		
③预算期现销收入	230 000		
④现金收入合计	360 000		

(2)生产预算如表 9—5 所示。

表 9—5　　**宏达公司 2010 年生产预算**　　单位:元

项　目	甲产品	乙产品
预计销售量	3 000	2 000
加:预计期末存货	300	500
减:期初存货	400	800
预计生产量	2 900	1 700

(3)直接材料消耗及采购预算如表 9—6 所示。

表 9—6　　**宏达公司 2010 年直接材料消耗及采购预算**　　单位:元

项　目	全年合计	
	甲产品	乙产品
预计生产量(件)	2 900	1 700
单位产品材料消耗定额(千克)	5	4
预计材料消耗量(千克)	14 500	6 800
预计材料总耗用量(甲+乙)	21 300	
加:预计期末材料存量(千克)	2 500	
减:预计期初材料存量(千克)	2 800	
预计材料采购量(千克)	21 000	
材料单价(元)	8	
预计材料采购成本	168 000	
①偿还前期所欠材料款	62 800	
②预算期现购材料支出	67 200	
③现金支出合计	130 000	

(4)直接人工成本预算如表 9—7 所示。

表 9—7　　**宏达公司 2010 年直接人工成本预算**　　单位:元

项　目	全年合计	
	甲产品	乙产品
预计生产量(件)	2 900	1 700
单位产品直接人工工时(小时)	4	3
预计直接人工总工时(小时)	11 600	5 100
预计直接人工工时合计数(甲+乙)	16 700	
小时工资率(元/小时)	5	
预计直接人工成本总额(元)	83 500	

(5)制造费用预算如表 9—8 所示。

表 9—8　　**宏达公司 2010 年制造费用预算**　　单位:元

项　目	金　额	项　目	金　额
变动制造费用	33 400	固定制造费用	36 740
变动费用分配率(元/小时)	2	固定费用分配率	2.2
合　计	70 140		
减:折旧费	12 140		
现金支出的费用	58 000		

(6)产品生产成本预算如表 9—9、表 9—10 所示。

表 9—9　　**宏达公司 2010 年甲产品生产成本预算**　　单位:元

成本项目	单　耗	单　价	单位成本	生产成本(2 900 件)	期末存货成本(300 件)	销售成本(3 000 件)
直接材料	5	8	40	116 000	12 000	120 000
直接人工	4	5	20	58 000	6 000	60 000
变动制造费用	4	2	8	23 200	2 400	24 000
固定制造费用	4	2.2	8.8	25 520	2 640	26 400
合　计			76.8	222 720	23 040	230 400

表 9—10　　宏达公司 2010 年乙产品生产成本预算　　单位:元

成本项目	单　耗	单　价	单位成本	生产成本（1 700 件）	期末存货成本（500 件）	销售成本（2 000 件）
直接材料	4	8	32	54 400	16 000	64 000
直接人工	3	5	15	25 500	7 500	30 000
变动制造费用	3	2	6	10 200	3 000	12 000
固定制造费用	3	2.2	6.6	11 220	3 000	13 200
合　计			59.6	101 320	29 800	119 200

(7)现金预算如表 9—11 所示。

表 9—11　　宏达公司 2010 年现金预算　　单位:元

项　目	金　额
期初现金余额	1 100
预算期现金收入额	360 000
可供使用现金	361 100
预算期现金支出额	308 100
其中:直接材料	130 000
直接人工	83 500
制造费用	58 000
销售及管理费用	8 600
产品销售税金(消费税)	23 000
预分股利	5 000
现金余缺	53 000
短期银行借款	—50 000
归还短期银行借款	100 000
期末现金余额	3 000

(8)预计损益表如表 9—12 所示。

表 9—12　　宏达公司 2010 年预计损益表　　单位:元

项　目	金　额
销售收入	460 000
销售税金及附加	23 000
销售成本	349 600
毛利	87 400
销售及管理费用	8 600
利润总额	78 800

(9)预计资产负债表如表 9—13 所示。

表 9—13　　宏达公司预计资产负债表

2010 年 12 月 31 日　　单位:元

资　产		负债及股东权益	
项　目	金　额	项　目	金　额
库存现金	3 000	应付账款	100 800
应收账款	230 000	短期借款	20 000
材料存货	20 000	实收股本	150 000
产成品存货	52 840	未分配利润	139 900
固定资产净值	104 860		
总　计	410 700	总　计	410 700

4. 依题所给资料,编制弹性成本预算表,如表 9—14 所示。

表 9—14　　NY 公司弹性成本预算表

项　目	单位成本	预计生产量(件)			
		1 500	2 000	2 500	3 000
变动成本					
直接材料	150 元/件	225 000	300 000	375 000	450 000
直接人工	100 元/件	150 000	200 000	250 000	300 000
变动制造费用	110 元/件	165 000	220 000	275 000	330 000

续表

项目	单位成本	预计生产量(件)			
		1 500	2 000	2 500	3 000
其中:间接材料	40元/件	60 000	80 000	100 000	120 000
间接人工	50元/件	75 000	100 000	125 000	150 000
动力费	20元/件	30 000	40 000	50 000	60 000
合计	360元/件	540 000	720 000	900 000	1 080 000
固定制造费用					
其中:办公费		100 000	100 000	100 000	100 000
折旧费		180 000	180 000	180 000	180 000
租赁费		20 000	20 000	20 000	20 000
合计		300 000	300 000	300 000	300 000
生产成本总计		840 000	1 020 000	1 200 000	1 380 000

5. 按本题所给资料,编制2010年度分季销售预算表和现金收入计算表,如表9—15、表9—16所示。

表9—15 **2010年度销售预算表**

季度	1	2	3	4	全年
预计销售量(件)	1 100	1 600	2 000	1 500	6 200
销售单价(元/件)	90	90	90	90	90
预计销售额(元)	99 000	144 000	180 000	135 000	558 000

表9—16 **2010年度与销售有关的预计现金收入计算表** 单位:元

季度	1	2	3	4	全年
期初应收账款	45 000				45 000
第一季度销售收入	59 400	39 600			99 000
第二季度销售收入		86 400	57 600		144 000
第三季度销售收入			108 000	72 000	180 000
第四季度销售收入				81 000	81 000
现金收入合计	104 400	126 000	165 600	153 000	549 000

6. 按本题所给资料，编制 2010 年度直接材料采购预算表和相关现金支出预算表，如表 9－17、表 9－18所示。

表 9－17　　**2010 年度直接材料采购预算表**

季　度	1	2	3	4	全　年
预计生产量(件)	1 160	1 640	1 950	1 470	6 220
材料单耗(千克/件)					
A材料	3	3	3	3	3
B材料	2	2	2	2	2
预计生产需用量(千克)					
A材料	3 480	4 920	5 580	4 410	18 660
B材料	2 320	3 280	3 900	2 940	12 440
加:期末存货量(千克)					
A材料	1 476	1 755	1 323	1 980	1 980
B材料	984	1 170	882	1 200	1 200
需要材料合计(千克)					
A材料	4 956	6 675	7 173	6 390	20 640
B材料	3 304	4 450	4 782	4 140	13 640
减:期初存货量(千克)					
A材料	1 030	1 476	1 755	1 323	1 030
B材料	830	984	1 170	882	830
预计采购量(千克)					
A材料	3 926	5 199	4 418	5 067	19 610
B材料	2 474	3 466	3 612	3 258	12 810
材料单价(元/千克)					
A材料	5	5	5	5	5
B材料	3	3	3	3	3
预计采购金额(元)	27 052	36 393	37 926	35 109	136 480
A材料	19 630	25 996	27 090	25 335	98 050
B材料	7 422	10 398	10 836	9 774	38 430

表 9—18　　**2010 年度直接材料采购现金支出预算表**　　单位:元

季　度	1	2	3	4	全　年
预计采购金额	27 052	36 393	37 926	35 109	136 480
期初应付账款	9 400				9 400
第一季度采购金额	13 526	13 526			27 052
第二季度采购金额		18 196.5	18 196.5		36 393
第三季度采购金额			18 963	18 963	37 926
第四季度采购金额				17 554.5	17 554.5
现金支出合计	22 926	31 722.5	37 159.5	36 517.5	128 325.5

六、简答题

1. 固定预算的主要特点是,以未来特定时期(预算期)某一预定的产销业务量为基础来编制预算,而不考虑预算期内产销业务量所可能产生的变化。按固定预算法编制预算的优点是比较简单、方便,编制工作量较小;缺点是当业务量脱离预定水平时,这种预算就难以发挥其控制和考核作用。

与固定预算相对应,弹性预算不是以某一预定的产销业务量为基础来编制的,而是根据本—量—利之间有规律的数量关系,分别按一系列可能达到的预计业务量水平编制的能适应多种情况的预算。由于企业的业务量水平往往是不能准确预测的,弹性预算规定不同业务量水平下的预算收支就显得更加符合实际和富有意义,所以弹性预算具有机动性强、适用面宽的特性。其缺点是编制工作量较大。

2. 零基预算的基本程序如下:

第一,各预算单位针对企业提出的总体目标,确定各自的具体责任目标和业务量水平,讨论在预算期内需要发生哪些费用项目,为每一费用项目编写一套开支方案,并说明每项费用开支的目的与数额。

第二,企业预算审核者按成本效益原则逐项审核各项费用开支的必要性,区分约束性费用与酌量性费用,对酌量性费用要进行成本—效益分析,然后将各个费用开支方案在权衡轻重缓急的基础上,分清等级层次,排列顺序。

第三,根据预算期内的收入和筹资能力,落实可动用资金,按上述步骤所确定的等级和顺序,分配资金,确定并下达预算。

零基预算的优点是:(1)所有费用项目都是以零为起点进行观察分析和取舍,不受现行预算的约束,有助于充分发挥企业各级费用管理人员的积极性和创造性,节约开支;(2)将企业的财务收支活动和生产经营活动紧密联系在一起,通过预算的编制和实施,既控制了财务收支,又协调了业务活动,使之能够紧密围绕企业的目标展开;(3)将各项费用支出按重要性原则和成本—收益分析划分为若干等级层次,有利于合理使用资金,提高资金的使用效果和企业的经济效益。

零基预算的缺点主要表现为工作量较大。

3. 编制滚动预算时,将预算期与会计年度脱离开,随着预算的执行不断延伸补充,并逐期向后滚动,使预算期永远保持为 12 个月。其具体做法是:每过一个季度(或月份),立即根据前一个季度(或月份)的预算执行情况,对以后季度(或月份)进行修订,并增加一个季度(或月份)的预算。如此逐期向后滚动、连续不断地以预算形式规划企业未来的经营活动。在实务中,滚动预算的编制,一般采用"长计划、短安排"、"远略近详"的方式进行。即预算期初前3个月的预算要分月列示,并尽可能详细一些,后9个月按季列示总数即可,可以相对粗略一些。第一个季度3个月过后,再将第二个季度的预算予以必要的调整,按月细分,并在期末增列一个季度的粗略预算。

滚动预算有以下特点:(1)透明度高。由于编制预算不再是预算年度开始之前几个月的事情,而是实现了与日常管理的紧密衔接,可以使管理人员能够始终从动态的角度把握住企业近期的规划目标和远期的战略布局,使预算具有较高的透明度。(2)灵活性强。由于滚动预算能根据前期预算的执行情况,结合各种因素的变动影响,及时调整和修订近期预算,从而使预算更加切合实际,能够充分发挥预算的指导和控制作用。(3)连续性突出。由于滚动预算在时间上不再受日历年度的限制,能够连续不断地规划未来的经营活动,不会造成预算的人为间断。

滚动预算方法的缺点是预算工作量较大。

4. 财务预算是专门反映企业未来一定预算期内预计财务状况和经营成果以及现金收支等价值指标各种预算的总称,具体包括现金预算、财务费用预算、预计利润表、预计利润分配表和预计资产负债表等内容。

财务预算具有以下作用:

(1)规划。使管理阶层在制定经营计划时更具前瞻性。

(2)沟通和协调。通过预算编制,让各部门的管理者更好地扮演纵向与横向沟通的角色。

(3)资源分配。由于企业资源有限,通过财务预算可将资源分配给获利能力相对较高的相关部门的项目或产品。

(4)营运管理。预算可视为一种控制标准,通过将实际经营成果与预算相比较,可让管理者找出差异,分析原因,改善经营。

(5)绩效评估。通过预算建立绩效评估体系,可以帮助各部门管理者做好绩效评估工作。

财务预算的编制需要以财务预测的结果为根据,并受到财务预测质量的制约。财务预算必须服从决策目标的要求,使决策目标具体化、系统化、定量化。

第十章 财务控制

一、名词解释

1. 财务控制是指在财务管理过程中,利用有关信息和特定手段,依据一定的控制标准,对企业财务活动施加的影响或调节,以确保企业财务目标的实现。

2. 责任中心是企业内部由专人承担责任和行使权力并发生收入、成本、利润或投资的单位。

3. 投资中心是指既要对成本、利润负责,又要对投资效果负责的责任中心。

4. 投资报酬率又称投资利润率或投资收益率,是指投资中心所获得的利润占投资额的比率,可以反映投资中心的综合盈利能力。

5. 剩余收益是指投资中心获得的利润扣减其投资额或净资产占用额按规定或预期的最低收益率计算的最低投资收益后的余额。

6. 内部转移价格是指企业内部各责任中心之间转移中间产品或相互提供劳务而发生内部结算和

进行内部责任结转所使用的计价标准。

7. 双重价格是指由买卖双方分别采用不同的内部转移价格作为计价基础的价格。

8. 协商价格也称为议价，是企业各责任中心以正常的市场价格为基础，通过定期共同协商，确定出的一个双方都愿意接受的作为计价标准的价格。

9. 定额控制是对企业和责任中心的财务指标采用绝对额进行的控制。

10. 侦查性控制是指为及时识别已存在的财务危机和已发生的错弊和非法行为或增强识别风险和发现错弊机会的能力所进行的各项控制。

11. 成本中心是对成本或费用承担责任的责任中心，它不会形成可以用货币计量的收入，因而不对收入、利润或投资负责。

12. 标准成本中心是以实际产出量为基础，并按标准成本进行成本控制的成本中心。

13. 职务分离控制是对处理某种经济业务所涉及的职责分派给不同的人员，使每个人的工作都是对其他有关人员的工作的一种自动检查。

二、判断题

1. √　2. ×　3. √　4. ×　5. ×　6. ×　7. √　8. ×　9. √　10. ×
11. √　12. ×　13. ×　14. √　15. √　16. ×　17. √　18. √

三、单项选择题

1. D　2. B　3. B　4. D　5. A　6. C　7. C　8. D　9. A　10. B

四、多项选择题

1. AD　2. AB　3. ABCD　4. ABCD　5. CD
6. ACD　7. ABCD　8. AC　9. ABCD　10. ABD
11. ABCD　12. AC

五、计算分析题

1. 责任成本变动额＝45×8 000－50×8 000＝－40 000(元)

责任成本变动率＝ －40 000÷(50×8 000)×100%＝ －10%

2. (1)甲投资中心接受投资后的评价指标分别为：

投资报酬率 ＝ (200×20%＋16)÷(200＋100)×100% ＝ 18.67%

剩余收益 ＝ 16－100×15%＝1(万元)

从投资报酬率指标看，甲投资中心接受投资后的投资报酬率为18.67%，使甲投资中心有利可图。

(2)如果从整个企业的角度看，该追加投资项目的投资报酬率为16%，高于企业的投资报酬率15%，剩余收益为1万元，大于0，结论是：无论从哪个指标看，企业都应当接受该项追加投资。

3. 最高价＝市场价格＝35(元)

最低价＝市场价格－外销费用＝27(元)

所以，变动范围为27～35元/件。

六、简答题

1. 投资中心与利润中心的主要区别是:第一,权利不同。利润中心没有投资决策权,需要在企业确定投资方向后组织具体的经营;而投资中心则不仅在产品生产和销售上享有较大的自主权,而且具有投资决策权,能够相对独立地运用其所掌握的资金,有权购置或处理固定资产,扩大或削减现有的生产能力。投资中心是最高层次的责任中心,它具有最大的决策权,也承担最大的责任。一般而言,大型集团所属的子公司、分公司、事业部往往都是投资中心。第二,考核办法不同。投资中心拥有投资决策权和经营决策权,同时各投资中心在资产和权益方面应划分清楚,以便准确地计算出各投资中心的经济效益,对其进行正确的评价和考核。

2. 企业采用投资报酬率作为评价投资中心业绩的指标。该指标的优点是:第一,投资报酬率能反映投资中心的综合盈利能力。第二,具有横向可比性,有利于判断各投资中心经营业绩的优劣。第三,投资利润率可作为选择投资机会的依据,有利于优化资源配置。第四,以投资利润率作为评价投资中心经营业绩的尺度,可以正确引导投资中心的经营管理能力,使其长期化。

3. 内部转移价格的作用有以下四条:第一,有利于明确划分企业各责任中心的经济责任;第二,有利于使企业各责任中心的业绩考评建立在客观、可比的基础之上;第三,有利于调动企业内各部门的生产积极性和节约观念;第四,有利于制定出正确的经营决策。

4. 内部转移价格是指企业内部各责任中心之间转移中间产品或相互提供劳务,而发生内部结算和进行内部责任结转所使用的计价标准。内部转移价格的制定原则有:整体利益最大化原则,协商原则,公平合理原则,突出重点和简便易行相结合的原则,相对稳定、定期调整的原则。

5. 内部转移价格主要有市场价格、协商价格、双重价格和以成本作为内部转移价格四种。

6. 采用双重价格的前提条件:一是内部转让的产品或劳务有外部市场,供应方有剩余生产能力;二是供应方单位变动成本低于市价。

7. 财务控制是指在财务管理过程中,利用有关信息和特定手段,依据一定的控制标准,对企业财务活动施加的影响或调节,以确保企业财务目标的实现。它是财务管理人员保证财务管理工作有效进行、完成财务预算目标而采取的一系列行为。财务控制要素是进行财务控制所必须具备的基本条件,它主要包括以下几个方面:组织保证、建立健全责任会计核算体系、信息反馈系统、奖惩制度、预算目标。

8. 责任中心按其责任对象,可分为收入中心、成本中心、利润中心和投资中心四类。责任中心具有以下基本特征:(1)拥有与企业总体管理相协调、与其管理职能相适应的经营决策权,使其能在最恰当的时刻对企业遇到的问题作出最恰当的决策。(2)承担与其经营权相适应的经济责任。(3)建立与责任相配套的利益机制,以使管理人员的个人权益与其管理业绩联系起来,从而调动全体管理人员和职工的工作热情和责任心。(4)各责任中心的局部利益必须与企业整体利益相一致,不能为了各责任中心的局部利益而影响企业的整体利益。

9. 可控成本必须同时具备以下四个条件:一是可以预计,即成本中心能够事先知道将发生哪些成本以及在何时发生;二是可以计量,即成本中心能够对发生的成本进行计量;三是可以施加影响,即成本中心能够通过自身的行为来调节成本;四是可以落实责任,即成本中心能够将有关成本的控制责任分解落实,并进行考核评价。凡不能同时具备上述四个条件的成本,通常为不可控成本。

10. 按照财务控制的内容,分为一般控制和应用控制;按照财务控制的功能,分为预防性控制、侦查性控制、纠正性控制和前馈性控制；按照控制的依据，分为预算控制和制度控制；按照控制的对象，分为收支控制和现金控制；按照控制的手段，分为定额控制和定率控制。

第十一章 财务分析

案例一

第一部分 计算填列下表，分析公司股东权益结构（垂直分析）

股东权益结构分析表（合并） 单位：%

所有者权益	2008 年(上)	2007 年	2007 年(上)
股本	37.75	33.5	29.27
资本公积	25.33	36.5	3.87
盈余公积	3.41	3.8	1.22
未分配利润	33.55	26.2	65.64
外币折算差额	—	—	—
归属母公司股东权益合计	—	—	—
少数股东权益	—	—	—
股东权益合计	100	100	100

第二部分 计算填列下表，分析公司短期流动性

短期流动性分析

项　目	2008 年(上)	2007 年	2007 年(上)
流动比率(倍)	1.79	4.91	2.69
速动比率(倍)	1.37	4.12	1.94
现金流动负债比率（%）	39.44	194.91	103.37
每股经营活动现金流量(元)	0.75	1.2	

第三部分 计算填列下表，分析公司经营效率

经营效率分析 单位：次或天

项　目	2008 年(上)	2007 年	2007 年(上)
应收账款周转率	103.43	733.36	25.38
存货周转率	3.06	4.8	2.73
应付账款周转率	27.17	48.44	19.85
总资产周转率	0.51	0.91	0.43
应收账款周转天数	3.48	0.49	14.18
存货周转天数	117.65	75	131.87
经营周期(天)	121.13	75.49	146.05

第四部分　计算填列下表，分析公司资本结构与长期偿债能力

资本结构与长期偿债能力

科　目	2008年(上)	2007年	2007年(上)
资产负债率(%)	52.28	38.34	49.65
权益乘数(倍)	2.10	1.62	1.99

第五部分　计算填列下表，分析公司盈利能力

公司盈利性分析(一)

单位：%

科　目	2008年(上)	2007年	2007年(上)
毛利率	25.34	35.97	37
销售净利率	17.39	20.98	23.18
现金净利润率	177.7	29.28	42.04

公司盈利性分析(二)

单位：%

科　目	2008年(上)	2007年	2007年(上)
资产净利率	8.93	19	9.9
净资产收益率	16.71	33.69	19.12
投资收益率	193.2	13.47	—
销售现金比率	30.9	29.28	42.04
总资产净现率	15.87	26.53	—
净资产净现率	29.69	47.04	—

第六部分　计算填列下表，分析公司资本市场特定指标

每股收益

单位：元

科　目	2008年(上)	2007年	2007年(上)
$\frac{\text{净利润}}{\text{发行在外普通股股数}}$	0.42	0.86	0.29

每股净资产

科　目	2008年(上)	2007年	2007年(上)
$\frac{\text{年末股东权益}}{\text{年末普通股份总数}}$	2.65	2.99	2.99

市盈率(倍)

科　目	2008 年(上)	2007 年	2007 年(上)
$\frac{\text{公司股票市场价格}}{\text{普通股每股收益(EPS)}}$	31.57	18.7	39.31

注:(1)2008 年 6 月 30 日公司股票收盘价为 13.26 元;

(2)2007 年 12 月 28 日公司股票收盘价为 16.08 元;

(3)2007 年 6 月 29 日公司股票收盘价为 11.40 元。

市净率(倍)

科　目	2008 年(上)	2007 年	2007 年(上)
$\frac{\text{公司股票市场价格}}{\text{普通股每股净资产}}$	5	5.38	3.81

第七部分　企业发展能力分析

略。

第八部分　分析结论

略。

案例二

(一)偿债能力与资本结构分析

项　目	2007 年	2006 年	2005 年
流动比率	1.93	2.65	5.33
速动比率	1.20	2.01	4.11
资产负债率(%)	36.94	25.33	10.67
权益乘数	1.59	1.34	1.12
利息保障倍数	19.35	184.02	−159.48
有形净值债务率(%)	59.81	34.38	12.08

(二)营运能力分析

项　目	2007 年	2006 年
应收账款周转率	30.24	16.47
存货周转率	11.16	15.15
总资产周转率	3.00	2.57
应收账款周转天数	11.90	21.86
存货周转天数	32.26	23.76
营业周期(天)	44.16	45.62

(三)获利能力及投资报酬能力分析

单位:%

项　目	2007年	2006年	2005年
销售毛利率	19.01	14.04	11.76
营业利润率	3.05	2.49	1.98
销售净利率	2.56	1.82	1.51
销售成本率	80.99	85.96	88.24
总资产报酬率	8.95	6.07	—
净资产报酬率	11.27	5.76	—

(四)现金流量分析

单位:%

项　目	2007年	2006年	2005年
现金债务总额比率	30.94	57.30	64.71
现金流动负债比率	31.63	58.39	64.84
销售现金比率	4.34	6.27	2.83
现金净利润率	169.54	345.09	187.37
总资产净现率	13.01	16.13	—
净资产净现率	19.11	19.87	—

(五)上市公司特定指标分析

项　目	2007年	2006年	2005年
每股收益	0.56	0.30	0.21
每股净资产	5.27	5.29	5.06
每股经营活动现金流量	0.96	1.03	0.39
股利支付率(%)	35.71	50	47.62
市盈率	40.11	30.73	19.52
市净率	4.26	1.74	0.81

（六）发展能力分析

单位：%

项 目	2007 年	2006 年
资本积累率	11.47	4.55
销售增长率	50.18	18.86
利润增长率	90.07	42.14
总资产增长率	32	25.07

（七）综合评价

略。

第十二章　企业并购中的财务战略

一、名词解释

1. 企业并购是一个公司通过产权交易取得其他公司控制权，以增加自身经济实力的一种经济行为，是为使企业提高核心竞争能力所做出的整体发展规划及其实施。

2. 横向并购是生产同类产品或生产类似产品生产技术工艺相近的企业之间所进行的产权交易。横向并购是最常见的一种并购方式，其目的在于扩大企业市场份额，在竞争中取得优势。

3. 纵向并购是在生产工艺或经销上有前后衔接关系的企业间的收购兼并，一般被并购企业的产品处于并购企业的上游或下游。如加工制造企业向前并购原材料、零部件、半成品等生产企业，向后并购运输公司、销售公司等，其目的在于发挥综合协作优势。

4. 混合并购是产品和市场都没有任何联系的企业之间的收购与兼并，即并购企业与被并购企业分处不同的产业部门。混合并购兼具横向并购与纵向并购的优点，而且更加灵活自如。

5. 杠杆收购旨在通过举借债务解决收购中的资金问题，并期望在并购后获得财务杠杆利益。在杠杆收购中，并购企业的自有资金一般只占所需总金额的 10%，贷款约占资金总额的 50%～70%。

6. 股票支付是指并购企业以增发本企业股票替换被并购企业的股票方式支付并购价款。以股换股，不需要支付大量现金，不存在转换成本，也不影响并购企业的现金状况。

二、判断题

1. √　　2. ×　　3. √　　4. √　　5. √

三、单项选择题

1. A　　2. A　　3. D　　4. A　　5. B

四、多项选择题

1. AB　　2. ABCD　　3. ABC　　4. BCD　　5. ABC

六、简答题

1. 我国《公司法》规定的企业并购程序如下：

(1)公司合并的决议与批准。公司合并应当由公司股东作出决议，合并决议是股东大会的法定权利；有限责任公司的合并必须经代表 2/3 以上表决权的股东通过，股份有限公司的合并必须经出席会议的股东所持有表决权 2/3 以上通过。股份有限公司的合并，必须经国务院授权的部门或省级人民政府批准。

(2)签订公司合并协议。即两个或两个以上公司就合并事项达成的书面协议。

(3)编制资产负债表及财产清单，通知债权人。公司应当自作出合并决议之日起 10 日内通知债权人，并于 30 日内在报纸上至少公告 3 次。

(4)依法向公司登记机关办理变更手续。

2. 企业并购的动因与效应主要表现在以下三个方面：

(1)经营协同效应。企业并购后，并购方的品牌效应、销售网络可与并购目标企业共享，使双方合并后产生合理的规模经济，提高整体的经济效益。

(2)管理协同效应。管理效率高的并购方，可以使被并入的目标企业提高整体管理效率，增强股东获利能力，从而增加企业的价值。

(3)财务协同效应。如果并购目标企业经营效益较差甚至亏损，则并购后可以利用亏损企业递延税款，以及享受税法允许的减免税款条款，达到合理避税的利益。此外，并购后的企业负债能力一般要大于并购前的负债能力之和，通过增加企业的负债能力，将给企业带来较大的税后利益。

3. 并购中财务战略的内容如下：

(1)对并购目标企业的价值评估。对并购目标企业的价值评估是根据目标企业当前所拥有的资产价值、负债价值、运营情况、市场价值等指标，确定其价值，并提出并购报价。

(2)确定并购的出资方式。即与被并购方协商，提出付款方式。在选择付款方式时，应该考虑的因素包括：并购后持续经营的需要、市场价值可能升值以及税收等因素。

(3)制定融资规划。在确定了并购所需要的资金数量和付款方式后，需要提出融资方案，测算融资成本，制定还款计划。

(4)制定并购后的财务整合、财务控制规划。财务整合包含财务资本的整合、固定资产的清理、流动资产的结构调整、无形资产保值增值等方面。财务控制则需要针对并购后的新情况，制定相应的财务管理制度，建立有效的财务控制体系。

4. 企业并购一般可划分为四个阶段，四个阶段的工作重心有所不同。第一阶段，主要是并购目标的搜寻、筛选与确定。第二阶段，包括了对目标公司的财务评估和定价，以及并购资金的筹集、并购中的谈判。第三阶段，并购企业与被并购企业的战略、组织、财务以及企业文化的整合。第四阶段，对并购效果的评价。并购中的财务运作是为上述四个阶段服务的。

5. 企业并购中的财务工作概括起来主要包括以下四项内容：

(1)进行被并购企业的价值评估。一旦锁定了并购目标企业，就需要对其进行评价，这是并购中财务工作的起点。在财务评价中要注意并购估价的特殊性，即并购估价的对象往往不是目标企业现在的价值，而是并购后能够为并购企业带来的价值增值。并购估价的方法通常有贴现现金流量法、成本法、换股估价法、成本法、期权法等。

(2) 并购支出测算与财务可行性分析。不管出于什么样的并购动因，能够给企业带来价值增值必然是并购的最终目的。财务可行性分析应着重做好四个面的测算，即：测算并购支付价款、并购交易费用；确定支付方式，企业并购支付方式和所需资金的筹资渠道不同，并购筹资的资金成本也不同；确定是否采用杠杆收购方式；确定并购可能创造的企业价值的二级市场增值。

(3)整合双方财务资源。并购后产生的协同效应会显示出企业的高成长性和明显的盈利前景，可以为被并购企业的原有业务提供更扎实的财务支撑，因此，财务资源整合与利用显得尤其重要。

(4)并购效果的评价。并购成功与否，需要通过财务评价作出认定。财务评价应侧重比较并购前与并购后销售收入、企业三项费用、企业效率与效益、公司市场价值是否产生了协同效应等方面。